LA DIVINA PRESENCIA

PILAR GONZÁLEZ DOMÍNGUEZ

AGRADECIMIENTOS

Agradezco a mi familia y a todos los que han creído en mi para hacer realidad la creación del décimo libro de metafísica inspirado en el amor del infinito y el creador, Dios.

La visión que quiero dejar como huella en el mundo es el amor que traspasa todas las barreras de la lógica para llegar al corazón de la humanidad y así poder dar a conocer esos conocimientos y sabiduría que nacen en mi a través de mis poemas.

INTRODUCCIÓN

El despertar! la vida es un misterio para todos por ese motivo estamos en constante evolución para descubrir nuestro propósito y nuestro ser. El camino para encontrar las huellas del espíritu errante " Jesús " se hallan a través del amor y para eso tenemos que cultivar nuestra conciencia y dar valor a la esencia de la vida con la fuerza del espíritu.

En la experiencia de la materia evoluciona nuestra esencia de vida y de ahí la importancia de cuidar este plano ya que es el puente hacia la luz eterna. Cada uno tenemos que vivir nuestra propia experiencia que nos marcan los pasos hacia la evolución del ser a través de la mayor energía, el amor.

En este libro a través del los salmos encontramos mediante acertijos y mensajes en forma de alabanzas y poesía las enseñanzas para llegar a esas huellas que no se ven pero se perciben en el camino de la vida de cada uno con la llama del corazón encendido.

Leer detenidamente cada párrafo y cada frase que contempla la enseñanza de la sabiduría y el conocimiento cósmico para darle a la humanidad las pautas de un buen trayecto dentro de este plano terrenal.

Tú que conoces la estructura de la tierra,
Tú que traspasas las dimensiones cósmicas
ahondas en el mundo acogiéndonos a tu voluntad
a los hijos de esta tierra y haz de nosotros tus siervos
que con tu amor llegas a todos los corazones y das vida al complejo,
y puedes demostrar al mundo entero el amor que por Cristo viene.

Ω

A cada paso que uno da el miedo se apoderará,
ya no es el miedo sino lo que uno sienta,
porque está atrapado en su interior
lo que la vida le va demostrando,
la vida ya no es el cien por cien estable
ha dado un giro a la inversa
y ahora estamos todos pendientes de ver lo que pasa,
pero nada bueno de esto saldrá,
todo esto consecuencias tendrá a la larga,
no sabemos lo que seremos, si esclavos o libres.
Para decidir nuestro cometido en esta tierra
tenemos que tener nuestra conciencia tranquila
para que nuestros pasos sean firmes,
para decidir nuestro destino que abarca una vida.
Mientras que el mundo gira
hemos de ahuyentar los malos espíritus
que rondan en nuestro mundo
y no nos deja pasar los límites de la lógica,
el miedo es la causa de nuestras desdichas,
el miedo nos rompe el alma,
el miedo nos hace cobardes delante de todos.

Ω

Miro y observo todo lo que está a mi alrededor,
lo plasmo y de ahí saco mis conclusiones,
las cosas no son lo que son, con el tiempo cambian
de un momento a otro la distancia hace mucho,
puede ser blanco como negro
no hay que precipitarse a los hechos
porque una visión hace mucho
para ver las cosas correctamente
y hay que estar seguro de esas imágenes
que se proyectan en tu mente sea la correcta
y así no hallar fallos en tus decisiones
en el momento en el que se efectúe la transacción,
sea la definitiva y no dudes de tus decisiones
a la hora de plasmar las cosas
claramente se verá el inicio de algo nuevo.

Ω

No dudéis, el tiempo pasa para todos,
ese tiempo está al caer,
ese tiempo se acerca a nuestro ciclo,
ese tiempo nos demostrará la debilidad,
debemos mantenernos en nuestra posición
manteniendo nuestro cuerpo y alma unidos,
uniendo las dos fuerzas conseguirás un equilibrio perfecto
material y espiritual para enlazar la vida con Dios.

Ω

Todo está ahí al alcance de todos
sólo hay que ver con los ojos del alma,
hay que mantener el espíritu vivo
para encontrar la verdad de uno mismo.

Ω

No te escondas, si estás en este mundo es por algo,
sal a la luz y demuestra lo que vales,
tus palabras valen tanto como la de los demás,
no debes echarte atrás por las decisiones que tomes
tú sabes de antemano los motivos,
sabes canalizar las cosas,
sabes como ahuyentar los malos espíritus
y sabes estar bien contigo mismo.

Ω

Te busco en cada latido de mi corazón,
añoro tu ausencia,
tú que te mantienes activo
mantén mi espíritu en forma.
En esta tierra no hay tiempo para los vivos
sólo un tercio permanecemos en ella
cautivos y prisioneros de nuestra vida y de nuestros actos,
haz que esta vida se prolongue más allá del infinito.

Ω

El mundo ya no es lo que era nos está dando la espalda,
vivimos en un mundo de contrastes
y nos están llevando por sendas peligrosas,
hemos perdido el norte, sur, este y oeste
porque ya no vemos con los ojos del alma.
El mundo en que vivimos
nos está mostrando la falsedad con la que se vive,
hoy en día estamos con los ojos vendados,
ellos son los que nos llevan a su vereda,
estamos atados e indefensos
nos hacen creer lo que no es
para manejarnos a su antojo,
tened la revancha y sed más fuertes delante de todos.
Acobardados nos tienen para hacer su propósito
y llevarnos a todos a rajatabla
y las decisiones están echadas,
no importa como vivamos y como actuemos,
para ellos somos números
que hay que definirnos en fragmentos
y en frascos pequeños.

Ω

Dios está ahí apenado por todos nosotros,
Él está viendo como el mundo se está demorando,
ya no tenemos fuerzas para seguir luchando
porque las decisiones de los hombres están cayendo.
Golpe tras golpe,
la vida nos va demostrando nuevamente su poder,
estamos atrapados en nuestro propio mundo
donde la maldad y el odio abundan,
cómo hemos de afrontar tantas calamidades
que ni al comerlo ni beberlo se originan
y nos vienen por sorpresa,
como un ladrón que no llama a la puerta
para filtrarse en tus aposentos
y llevándose tu identidad
se apodera de tu alma,
cada siglo de esta vida marca una pauta.
un camino a la historia desgarrada.

Ω

Vivimos atrapados en este mundo insólito
en medio de las galaxias,
no tenemos contacto con otros planetas
y vamos girando sin para en medio de la nada,
en medio de ese inmenso infinito, perdidos para siempre.
Este mundo es cruel por naturaleza.
llevamos en la sangre los genes de nuestros antepasados,
nada en esta vida ha cambiado,
jamás saldremos de este laberinto de lamentaciones,
mientras que haya ganadores y perdedores
nada cambiará nuestro destino
atrapados en la sombra del olvido,
viajamos siempre en la misma posición una y otra vez.
¿A dónde nos llevará todo esto?
al silencio dormido
porque no manejamos nuestros sentidos
que nos lleven a la lógica de la vida.

Ω

¿Qué está pasando en este mundo y a nuestro alrededor?
no logramos entender porque suceden tantas cosas
si somos conscientes de ello,
¿por qué a estas alturas pasan cosas extrañas
y se nos escapan de nuestras manos?,
¿cómo ahuyentar los malos espíritus que nos rondan?,
¿cómo sobrevivir al ataque que va invadiendo nuestro terreno
quedándonos aislados del resto del mundo
llevándonos lo mas preciado de la vida
en la vida propia del ser que da la vida?
Esa Madre, ese Padre y ese Hijo
velan por todos nosotros
desde el infinito Dios los aguarda.

Ω

Una sensación extraña penetra en nuestro cuerpo
transformando nuestras vidas en una sensación de ahogo
que vamos arrastrando constantemente,
no vivimos por miedo a lo que suceda
o nos vaya a suceder de aquí en adelante,
no sabemos cómo actuarán y cómo nos llevarán la revancha
los que deciden por nosotros
porque son nuestros intermediarios de nuestra voz y voto,
nos sentimos manejados como marionetas,
estamos atrapados en nuestro mundo y nuestra libertad,
se apropian de nuestra debilidad, nos hacen sentirnos débiles,
a la hora de la verdad,
caemos como conejillos en su trampa expuesta por los demás, dañina.
¿Qué mundo nos aguarda de aquí en adelante?
ya podemos imaginárnoslo,
pura realidad se presenta,
el mundo en el que vivimos ya no nos arropa
porque estamos viendo caer como el mundo se desmorona
delante de nuestro ojos.

Ω

Sólo tú puedes mostrar al mundo
la sabiduría y la inteligencia,
tienes la capacidad de entender a los hombres
y llevarlos más allá de la conciencia
y se sientan libres de las ataduras de esta tierra,
sólo tú puedes enseñarles el camino de la liberación
porque nos estamos desviando del camino una vez más,
caemos en nuestros propios errores
y estamos malgastando nuestro tiempo
con cosas innecesarias que no nos llevan a ninguna parte
porque estamos tan ciegos que no podemos ver lo que tenemos delante
porque nos están lavando el cerebro
y se están llevando nuestra identidad de alguna forma,
no somos conscientes de lo que pasa
porque no vemos la maldad expuesta por los demás.

Ω

Lo que se va desatando jamás se podrá unir a su lugar,
dejará secuelas que jamás se curarán
porque son tantas cosas que pasan en la vida
y son difíciles de olvidar.
Las huellas no se curan solas,
sólo el alma las curará.

Ω

Lo que se ha desatado jamás se podrá atar,
llevará su proceso ponerlo en su lugar,
dejarán secuelas que jamás se curarán
porque son tantas cosas que pasan en el mundo
que son difíciles de olvidar.
Las heridas no se curan solas
sólo con el alma se podrán sanar
y con el tiempo subsanarán si Dios lo quiere
porque Dios cura las heridas expuestas por el hombre

Ω

Dios es la verdad, el camino y la vida
a Él hay que honrarle y respetarle
Él es todo lo que tenemos y Él es el que nos mantiene con vida

Ω

Este mundo ya ni siquiera lo conocemos
ha dado un cambio de 365 grados,
ya no hay descanso en él
porque nos hemos dejado llevar hacia un destino impropio,
nos han cogido la cuesta
y nos manejan según su criterio,
estamos enjaulados en nuestro propio mundo,
se han colado en nuestras vidas
con las mentiras y engaños,
no somos conscientes de lo que pasa
porque aún no vemos la verdad engañosa
porque son astutos al decir la palabra
teniéndonos en ascuas rodando según su antojo.

Ω

El amor que guarda mi corazón
lo guardo con gran sentimiento,
lo llevo dentro de mi
alimentándose con mi espíritu,
va alimentando mis células
al compás que corre por mis venas
el fluir de la vida eterna,
grande es el poder de Dios
que en mi se manifiesta su obra,
permanecerá por los siglos con cánticos y alabanzas.
Para constituir la historia del mundo
hay que conocerla desde dentro,
desde sus entrañas,
con el presente, pasado y futuro
obtendré una nueva versión de los hechos
que aportará a mi vida la luz del Espíritu Santo.

Ω

Todo está ahí para ser hallado,
de alguna forma hallar el argumento que encierra la vida
y encuadre el sistema,
de algún modo todo empieza y todo se termina
pero se nace otra vez a la vida,
el espíritu y el alma marcarán el espacio infinito.

Ω

La vida llena de emociones y de grandes esperanzas nos aguarda,
la vida es la que constituye un legado
donde nos demuestra todo su amor
manteniendo el espíritu errante,
ese amor mantiene todas nuestras constantes vitales
porque es el fluir de la vida la que nos mantiene despiertos.

Ω

Desperar de un sueño profundo y ver que la realidad ya no es la misma,
todo cambia a su alrededor al inicio de otra vida que se fue
y otra que se produjo envuelta de estrellas,
arropa el espacio infinito,
una concepción divina en la tierra se postró,
desnuda y descalza la tierra la acogió
traspasando la lógica de la vida el mundo le da calor
porque la luz de la vida es la que la engendró.

Ω

La vida es un continuo del despertar de nuestra conciencia,
la vida es algo más que vivir,
la vida nos traspasa a otras dimensiones
y es hallar la verdad en uno mismo,
sólo con la verdad podrás vivir y alcanzar el firmamento
porque la verdad es Dios y mora en nosotros.

Ω

Cada respiración, cada aliento es un soplo de vida que se une al cosmos,
es la esencia de la vida que da forma a su cuerpo,
es el poder de la fuerza que la hace sostenible,
esa vida, ese cuerpo se despoja de sus vestiduras
y se une a la materia viva.

Ω

Tu mirada puesta en el universo
plasma de vida los planetas,
Tú que con tu amor envuelves el firmamento acoplando el sistema
ahondas en lo mas profundo de tu ser,
vas manteniendo con tus fuerzas el eje del movimiento cósmico.

Ω

Sin Ti la vida no tendría sentido,
sin Ti la vida nos sería nada,
has puesto tu interés en el mundo y moras en el espíritu,
sin Ti el mundo estará en tinieblas
porque al no ver lo que tenemos delante
tropezamos una y otra vez con nuestros propios obstáculos
porque la ceguera nos ciega, allá donde vayamos
siempre habrá experimentos que entorpezcan el camino.
Largo es el sendero y el camino cada día
porque siempre estamos en el mismo punto de mira
y no avanzaremos porque no vemos la realidad de la vida con toda su totalidad.
Tú que siembras en el mundo danos de comer y beber de ella,
con tu sabiduría gozaremos en espíritu.

Ω

La vida sólo le pertenece a Dios,
sólo Él decide por nosotros el momento y el cuando,
Él sabe cuando es la hora y donde transformará el universo,
el eje de movimiento cósmico.
Él es el que mantiene en órbita los planetas,
Él decide el momento, el día y la hora
de todas las constelaciones divinas,
Él es el que es, la vida en sí
donde plasma toda su totalidad,
Él marca el tiempo ajustándose a la vida.

Ω

Todo tiene un principio, una base y un fin,
todos los puntos están cronometrados,
todos se unen entre sí,
todo está formado por el espiral del cosmos
y todo está girando en la rotación del tiempo,
todo se complementa entre sí
y todos estamos en la caja de pan dora a punto de salir.

Ω

Si te conocieran como yo te conozco
darían la vida por ti
y se asombrarían de verte al ser como eres,
no hay nadie en este mundo con un corazón tan grande,
Tú mueves montañas, mueves los océanos,
bendita ha de ser quien crea en tu palabra.

Ω

Tu palabra fue dicha y escrita,
tu palabra se funde en todo el mundo,
tu palabra es mágica y penetra en las entrañas,
tu palabra tiene vida, tu palabra tiene sentido
y llevas el amor y los sentimientos
de todo el mundo.

Ω

Es cuestión de tiempo que todo salga a la luz,
que se dé un paso más y que todo se pueda demostrar,
estamos en este mundo para hallar la verdad
que une a los hombres,
la verdad que está dentro de ti
haz que flote ese espíritu con gran libertad.

Ω

Nadie tiene que cuestionar tus derechos
y menos manejar tu vida,
uno es libre de sus actos
porque tienen que controlarnos lo todo,
ya no hay bastante en este mundo
que tienen que manejarnos a nosotros mismos.

Ω

Tú eres la llama que encendiste el mundo,
diste vida en é y lo acoplaste de todos los seres que abundan en esta tierra,
no hay mas grande en este mundo
que el amor que en él se genera,
vamos marcando una etapa
y generando nuestro futuro
que marca nuestra historia a lo largo de la vida
porque todas las generaciones han marcado un destino
y han dejado sus huellas marcadas en la tierra.
Hoy la vida nos enseña que no somos diferentes a ellos,
en este mundo hay una muralla mas fuerte que nunca,
para atravesarla hay que derrumbarla
con el amor mas grande que existe
y con el espíritu que la envuelve
brillaremos con luz propia
al conocer la historia de la vida.
Hay que vivirla desde sus entrañas,
desde el principio al final de los siglos
nos daremos cuenta del significado que hay en ella,
esta vida está plasmada de grandes mitos y de grandes historias
y sólo una es la que perdura, la que mora su espíritu,
la que hemos olvidado en los siglos.

Ω

Cada respirar, cada aliento es un suspiro de vida,
cuando la sangre bombea late el corazón,
es el fluir de la vida donde mana la fuente viva,
ese conocimiento divino mora en nuestro espíritu,
esas energías creativas que se funden en nuestras entrañas
donde esa fuerza de poder mantiene nuestro cuerpo en armonía con el universo.

Ω

Siento una extraña sensación de ahogo cuando observo al mundo
como si se separase de una y muestra otra actitud,
como una separación entre ambos mundos,
como si yo estuviese en un punto y todo rodase dentro de mi,
como si todo llevase un control a la espera de algo para movilizar lo todo,
a dónde vamos, a dónde caminamos y a dónde nos dirigimos,
hacia qué punto hemos de mirar para ver la realidad de nuestros sentidos de ambos conocimientos
cuerpo, alma y mente transforma nuestro ser en la composición del eje cósmico.

Ω

Siento un vacío en mi alma de la soledad que hay en el mundo,
el pecho arde de todas las filtraciones,
hemos llegado a un punto que ya no sabemos quienes somos,
vamos con tensión a que nos de un infarto.
El mundo nos lo han cambiado porque ya no se vive en armonía,
nos han robado el alma y tenemos el corazón frío,
un mundo sin calor hiela nuestra sangre.,
Al miedo hay que temer le a estos tiempos que corren
porque ha entrado la guadaña en nuestras posesiones,
han labrado el terreno y van sacudiendo el polvo
van barriendo la tierra de todos los desperfectos.

Ω

Miedo a la vida y miedo a la muerte,
un miedo que se filtra en nuestras entrañas,
el miedo que se apodera de uno y no controla su tiempo
hurga en nuestro cerebro como un veneno
penetrando con furia nos arrastra al desafío.
la vida y la muerte es un icono,
la vida y la muerte están unidas a la separación del cuerpo y el alma
¿hacia dónde?, hacia la verdad absoluta más allá de nuestro tiempo,
más allá de lo alcanzable se encuentra lo insólito.

Ω

Cada pasa que uno da hay que pensárselo,
hoy los tiempos no están para bollos,
nos ha caído un buen cocido,
a ver cómo sale todo esto, nada bueno esto traerá,
han rebosado el baso,
esto explotará por algún lado.
La tormenta sonará con rayos y truenos,
-cubriros bien las espaldas-
porque esto viene asomándose con fuerza
y no nos dará tregua ni por asomo,
el que tiene la revancha no la soltará por nada
porque tiene un filón de oro y plata,
nos están estrujando y llevándose todo el jugo
hasta exprimirnos del todo
y estemos indefensos y así cogernos la cuesta manejándonos a su antojo
y llevarnos por su vereda por lo ancho de este mundo.

Ω

Abrid los ojos y no parpadeéis ni un segundo
porque esos segundos son esenciales para que no os engañen
porque están a la defensiva a que haya un fallo,
son astutos y buscan todas las maneras posibles para hacerse con nosotros
porque somos el filón que está buscando para su estrategia.

Ω

Nos están llevando hacia un mundo incierto,
se está viendo venir la caída de un imperio,
nos están arrastrando hacia un mundo insólito
porque todo lo que había está desapareciendo,
se nos está yendo de las manos todo lo que necesitamos
va desapareciendo de la noche a la mañana y va cambiando el estatus,
el mundo que se sostenía ya no se sostiene,
sólo se va balanceando y se nos están yendo las energías apoderándose de nosotros.
Ya no somos libres ni por asomo,
han cogido las riendas y nos van a dar azotes por todos lados,
pensad como estábamos antes a como estamos ahora supuestamente, encadenados.
No directamente, sino que lo harán a través de los hechos,
ya no te dejan vivir la vida, esto es un sin vivir,
tener el mundo en nuestras manos y desaparecer,
no poder disfrutarlo,
entre cuatro paredes marcan nuestras vidas,
entre cuatro paredes ronde el silencio.

Ω

Con todo lo que está sucediendo, ¿cómo se planteará la vida?
nos están quedando sin recursos en los sitios dónde plantearse las cosas,
las que están desapareciendo, ¿cómo cuestionar nuestra vida?
no podemos seguir fingiendo, sabemos que esto nos traerá cosas buenas,
el tiempo que nos espera mejor ni pensarlo
porque estamos indignados de todo lo que está sucediendo

Ω

El mundo no nos deja de sorprender y nos enseña a cada paso,
hay cosas que no se explican porque suceden en la vida,
hay batallas que se pierden y se ganan,
en la vida hay un instante que todo se nubla
porque lo que hay en este mundo es blanco y negro,
esos matices son difícil de comprender,
lo bueno y lo malo en nuestro subconsciente existe.
Buscad el equilibrio que nuestro corazón percibe,
muestra el valor de cada uno.
El mundo te demuestra a saber como eres, no dudes en la vida,
la vida es un milagro que va demostrando la capacidad de tus actos
y narran la vida y narran tu historia.

Ω

Tu vida es tu casa, la mimas y la cuidas
y la proteges del sol y del frio,
la ahuyentas de los malos espíritus que rondan por este mundo,
la cubres de la protección divina
y mantienes el espíritu errante
porque estamos de paso por este mundo insólito,
tu casa es el caparazón de tu cuerpo que protege el alma de las atrocidades de esta tierra,
tú sólo conoces el verdadero porcentaje de la vida,
sólo tú te conoces a ti mismo y das todo por esta vida,
a cada paso que das es un paso mas de vida
porque la vida es un caminar por las sendas de este mundo,
es un camino que se recorre diariamente hasta llegar a cruzar el umbral de la vida
con la que se sostiene con la palabra divina,
es la que nos mantiene vivos y despiertos nuestro corazón dormido,
la transformación de nuestro espíritu con las energías cósmicas,
cuerpo y alma transforman el espiral de la vida,
es un constante respirar del universo
donde se juntan todas las energías estelares,
donde brilla la luz constante del movimiento cósmico.

Ω

Tu mundo es nuestro mundo,
Tú transformaste y diste vida a los seres de esta tierra,
nos has dado fuerza y valor y ese espíritu engrandecido,
Tú nos has demostrado el amor mas puro que existe
en esta tierra de misterios donde se guardan los linajes de nuestros ancestros.

Ω

Tú con tu amor has dado todo por este universo,
has mostrado al mundo entero el amor por esta tierra,
has vivido y has caminado en ella y has sido uno más de nosotros,
hoy perdura en nuestras vidas tu imagen del Dios divino.

Ω

Sólo tú estás en mi corazón y lo llenas de alegría,
atraviesas mi corazón y ahondas en mi espíritu,
nadie ha ejercido tanto en mi vida
como tu amor que me arranca el alma,
ese amor no tiene palabras sólo sentimientos,
unos sentimientos que fluyen a través de mis venas..

Ω

Estamos rodeados de falsas esperanzas,
nos están dando gato por liebre,
nos están haciendo creer esto y aquello sabiendo que todo es mentira,
están tratando de que el tiempo pase con mentiras y engaños
porque no hay verdad en ello y hacen y deshacen a su antojo
porque no hay nadie que esté a su altura.
Manejan el orden de la vida,
nos tienen custodiados en nuestros aposentos
día y noche con un salvo conducto,
hasta que no nos cojan a todos por banda
no pararán de atosigarnos,
el que hizo el juego hizo la trampa
para que caigamos todos en ella fácilmente sin que nos demos cuenta,
estamos atrapados en las sombras sin identidad alguna.

Ω

Este mundo ya no es el que era,
de la noche a la mañana ha cambiado todo
de ser libres a ser esclavos,
nos han cortado la libertad que teníamos y los derechos adquiridos,
ahora estamos a la merced de ellos
tanto tienes, tanto vales, el mundo ya no es tuyo.

Ω

El camino no es mas que el que tú caminas,
tú eres tu propio camino y tus propias sendas
van marcando tus huellas según vas avanzando,
vas adquiriendo sabiduría e inteligencia,
vas marcando tu destino según tus actos
y al final de tu etapa es la que se te demuestra.
Tu camino y tú a la gloria te llevan,
la sabiduría y la inteligencia mora en Cristo,
Él es el camino a seguir, tus huellas por las sendas de este mundo,
tú caminas fijando la mirada al firmamento,
traspasas a otras dimensiones
acoplando tu vida al espíritu ello conlleva hacia el amor eterno.

Ω

Estamos apenados por las cosas que están sucediendo,
no sabemos cómo fue y cómo ha sido,
de la noche a la mañana el mundo ha dado un giro,
no entendemos el por qué de lo sucedido,
nos han marcado el destino
una vez más con su estrategia,
el mundo nos ha cogido de sorpresa.
En cada época han sucedido cosas,
está no se queda corta,
agarraos bien mientras que podáis,
el mundo empieza a caerse físico y moral
al estar el mundo en tinieblas no vemos con claridad,
nos ciegan nuestros ojos y sentidos a la realidad,
hallad y buscad el contenido de la verdad,
para salir de este atolladero hay que ser cauteloso como uno mismo.

Ω

Ellos marcan un camino, nosotros también
si ellos hacen y deshacen nosotros con mayor motivo,
ellos llevan las riendas, nosotros los arreos,
el que camina por este mundo libre ha de ser de todas las ataduras
por eso nos postraron en esta tierra por la igualdad,
para ser uno y uno con nuestro ser
y no somos prisioneros de nuestra identidad
nacemos bajo el mismo sol y bajo el mismo cielo
y con la misma potestad, el mundo es de todos y debemos participar.
es nuestro mundo el que debemos salvar,
es nuestro mundo el que debemos cuidar
para el bien de todos poder sobrevivir al conflicto de esta vida.

Ω

Muchos caminos se han recorrido y otros tantos que se correrán,
por cada camino que se recorre una batalla se iniciará
porque están expuestos de obstáculos que se originarán,
hay que saltar esos obstáculos aunque la vida en ellos os va,
hay que enfrentarse a la vida con gran precisión,
hay que decirle a la vida, aquí estoy yo
si Dios nos puso en este mundo por algo será,
buscad la manera de identificarnos por la senda de este mundo
aunque hayan pinos y cardos nada nos detendrá al desafío de la vida.

Ω

Al final sale a la luz la verdad
aunque pase mucho tiempo no hay que creer todo lo que nos dicen
porque todo lleva sus mentiras y sus tapujos,
hay que pensar las cosas meticulosamente
nunca hay que ir a la ligera,
hay que dar tiempo al tiempo
para que las cosas se hagan correctamente
porque sino traerán consecuencias
es cuando suceden, cuando se plantean mal,
es cuando pasan cosas desagradables
un mal planteamiento nos puede llevar a grandes desgracias y grandes disturbios,
así que moderad las cosas antes de que sucedan,
está en juego la vida.
Nos están lavando el cerebro con mentiras y engaños,
nos hacen creer esto y aquello para llevarnos a su terreno,
son astutos al plantear las cosas
así cuando las plantean ya no hay marcha atrás y es difícil detenerlo.

Ω

El mundo está cayendo en desgracia, de un tiempo para acá
el mundo ya no es lo mismo,
el mundo nos está dando una lección
y nos dejamos que nos manejen.
Ellos hacen y deshacen y ellos actúan por nosotros,
nosotros no tenemos voz ni voto
y nuestra palabra es nula.
¿Qué mundo en el que vivimos que no tenemos libertad absoluta?
nacemos en este mundo por la voluntad del Padre
dejamos que actúen libremente en nuestras decisiones.

Ω

El camino lo recorremos todos,
haced que el camino no sea pesado
porque la carga que llevamos a cuestas es muy grande
y a veces dependemos de un hilo,
si aligeramos nuestra carga podemos ayudar a nuestros hermanos.
Todo el mundo tiene derecho a la vida
aunque vayan arrastrándose,
el mundo es de todos y todos participamos
y todos estamos en este mundo por un motivo,
buscad el emblema de la vida
que constituye todo el imperio cósmico.

Ω

Si os fijáis bien nosotros no tenemos nada
sólo a nosotros mismos y así mismo no somos dueños de nosotros
una fuerza superior maneja nuestras vidas,
controlan nuestro espacio y deciden por nuestra cuenta,
atados nos tienen y prisioneros de nuestra vida.
En este mundo en el que vivimos ya no nos sorprende
han pasado tantas cosas que no damos crédito a lo que pasa,
porque nos tambalean de un lado a otro para que no mantengamos el equilibrio
y no podamos mantener nuestra compostura
y así ser sus marionetas y a punto de cortar los hilos,
ver para creer hasta donde hemos llegado
que unos cuantos nos controlen el espacio de este mundo insólito.

Ω

Cuanto más se busca, más perdido uno se halla
porque en este laberinto no hay manera de encontrar la salida
porque lo único que hay son baches que lo impiden de derecha a izquierda,
de delante a detrás una fuerza se apodera de uno hasta quedar atrapados,
el miedo paraliza todo y controlan todos tus sentidos
cayendo rendido y abatido por las fuerzas negativas

Ω

Nada queda de aquellos recuerdos que un día se forjaron
que dio vida al pensamiento,
todo queda borroso y vagamente se recuerdan
aquellos tiempos que la vida era de gloria
y formamos parte de una vida plena de amor y de felicidad.
Hoy el silencio nos atrapa porque no hay libertad de expresión
nos han robado la estabilidad que teníamos y este mundo cada vez va a peor,
no hay un sitio por donde ir,
no hay un sitio para trepar de este infierno,
día y noche las pesadillas no se van
han labrado la tierra con sudor y lágrimas
y ¿qué es lo que nos quedará?
hoy es el principio de dolores,
largo el camino se nos hará
porque el camino del calvario
tenemos que llevarlo a lo largo de esta vida,
tenemos que luchar y tenemos que enfrentarnos con la oscuridad.
Una vez más hoy la vida hace historia,
una historia en la que todos participamos
de un modo o de otro estamos atrapados.

Ω

¿Qué está pasando?,¿cómo hemos llegado a esto
y por qué se han complicado mas las cosas
y de unas se han pasado a otras?
ahora no hay manera de detenerlo,
se han cruzado y esto está aumentando cada día mas,
difícil es la comunicación
ya no hay un espacio donde todos se comunicaban
y se podía dialogar según las cosas,
todo ha quedado en suspense,
todo se ha quedado paralizado,
estamos en un punto muerto a ver que pasa
y nadie da una respuesta,
esto va más allá de nuestro alcance-
El mundo que nos sostenía se va debilitando
porque ha entrado la bacteria
y no se sabe cómo y por qué suceden cosas extrañas,
el mundo ha caído, ¿cómo levantarlo?
costará subsanar las heridas que dañan nuestro cuerpo,
el odio y la rabia aumentan por segundos
porque no vemos mejoras con el tiempo que llevamos
aún estamos atados de pies y manos.

Ω

Te escojo a ti sol de la mañana
tú que resplandeces junto a la aurora,
tú que das vida a los planetas
y vas encendiendo con tu amor la chispa de la vida,
tú que manejas el eje cósmico
y estás ahí presente día y noche
llena nuestros corazones de júbilo
y haz que nos sostengamos con tu palabra,
la que tiene fuerza y valor manteniendo los corazones puros
porque el camino de la vida es seguir tus pasos allá por donde vayas.
Tú lucero de la mañana alumbras sin descanso nuestras vidas
para la gran venida que se aproxima con los cánticos y alabanzas,
adoraremos al gran día con amor, fe y esperanza
la canalización de los hombres.

Ω

Siento un vacío dentro de mi que inunda mis penas
porque no puedo comprender las cosas que suceden,
se van apoderando de uno y penetrando en las entrañas,
ya no se vive, sólo buscamos un refugio dentro de mis posibilidades
ya no hay ese espacio abierto, todo está controlado,
no puedes hacer ni deshacer porque todo está controlado meticulosamente
centímetro a centímetro el espacio,
mires por donde lo mires
no hay donde agarrarse,
nos tienen tan cogidos que no hay por donde tirar,
hemos caído tan bajo, en la soledad
que ahora controla todo el sistema.

Ω

Somos el respirar de la vida
de todo aquello que se representa,
somos el árbol genealógico de nuestros antepasados,
somos del inicio de una generación que se proyecta en el cosmos,
somos emprendedores de la vida
y la constitución de un pueblo,
somos errantes por este mundo
al encuentro con el más allá,
somos todo lo que se representa delante de Dios.

Ω

Tú eres el portador de nuestro cuerpo, alma y espíritu,
eres el que nos transmite todas las energías cósmicas,
Él nos transmite la sabiduría e inteligencia y sus conocimientos,
Él nos enseña a distinguir entre el bien y el mal,
Él nos enseña a modelar este mundo con el verbo amar
siendo el corazón del mundo donde la sangre bombea sin parar,
es el fruto de la vida donde empieza a madurar las generaciones futuras
hacia la realidad absoluta del absoluto Dios,
Dios venera su creación.

Ω

Perdidos estamos si no hacemos un pensamiento
que nos saque de este atolladero,
hay que buscar otros métodos para que nos saquen de este infierno,
todos los intentos son fracasados
y estamos llegando a los límites de nuestros actos,
no hay por donde tirar y por donde ir
estamos atrapados en nuestro propio mundo.
¿qué pasará y qué nos pasará en medio de la tormenta
donde los rayos y los truenos retumban en los cielos?
hay que pasar por los límites de la lógica
para ver más allá de nuestros sentidos
y apaciguar a las ovejas en este mundo que está descontrolándose,
se ha perdido la emoción del tiempo quitándonos nuestra libertad
ahora estamos esperando a las decisiones de lo que pasará en un futuro previo,
oscura realidad se presenta para todos
porque estamos a la merced de los que nos rodean el mundo.

Ω

Sólo Tú puedes darnos esa libertad,
Tú que tienes lógica y sabes como es el mundo en verdad,
Tú que has mostrado al mundo esa capacidad de entender a los hombres
estamos ansiosos de verte proceder de nuevo
bajo el sol que nos alumbra,
haz que alumbre eternamente bajo el soporte de tu identidad.

Ω

Tu vida es tu casa, la mimas, la cuidas y la proteges
del sol, del frío y de los malos tiempos que se presentan
y los malos espíritus que rondan por este mundo,
luchas constantemente de las calamidades que se van produciendo
día tras día es un sin vivir,
vas luchando contra reloj porque el tiempo no se detiene
y tu cuerpo puede flaquear dependiendo de un hilo.
La vida es un instante hazla feliz,
amoldando te al sistema
mantienes tu cuerpo, alma y espíritu en perfecta armonía.

Ω

Tú has cambiado mi vida
la has llenado de alegría,
Tú has penetrado en mi alma
y con tu amor has llenado mi espíritu
esa sensación de vida llena de Espíritu Santo,
ahora abraza al mundo entero con más fuerza que nunca,
el amor que hay en mi proviene desde las alturas,
ese amor que atraviesa el cosmos
es del Dios verdadero
y no hay un amor más grande en este mundo
que pueda igualarse.

Ω

Para llegar a Ti hay que andar muchas leguas,
hay que andar el camino asentando los pies sobre la tierra,
hay que ir paso a paso por las sendas de este mundo
para cultivar la semilla que florece en las entrañas del universo
manteniendo así el polen que se esparce por el firmamento
manteniendo así a los hijos predilectos.

Ω

Busco más allá el contenido de la vida
para hallar el origen de nuestros antepasados,
plasmar este mundo donde le pertenece,
estamos viviendo en una burbuja dentro de otra
donde el huevo está a punto de romperse,
esa conexión con el universo muestra la identidad de lo que somos,
somos del espíritu errante donde nuestras raíces moran en el cosmos
más allá del índice de ese punto donde comenzó todo.
Todo tiene una base donde asentar los cimientos,
Dios es la conexión de todo lo que existe en toda su totalidad
Él es el que es, el poderoso Rey de toda la existencia creada bajo la potestad divina.

Ω

¿Con qué propósito estamos en este mundo
lejos de toda realidad?, nadie sabe, nadie entiende
pero creemos saberlo todo,
las claves no consisten en este mundo
buscad más allá de nuestro alrededor,
buscad con la conexión del universo
que él es la que se mantiene en pie,
él fluye a través de nuestras venas
alimentando todo nuestro ser.
Con la palabra se definen las cosas que están al caer,
con la voluntad del Padre todo volverá a ser como fue.

Ω

Vamos de aquí para allá saltando de un punto a otro,
vamos manejando nuestra vida según nuestros actos,
vamos marcando nuestros pasos según nuestra conciencia
porque los pasos son el camino que se recorre diariamente,
esos pasos son sólidos y fuertes que nos llevarán al punto de encuentro con la realidad
entre dos mundos paralelos entrelazados entre sí.

Ω

¿Qué somos en realidad?, la sombra de un pasado que nos tiene atrapados
la que no nos deja avanzar.
la que nos han inculcado siempre
y la que llevamos arrastrando sin parar.
todos los inicios de esta vida a la espalda caerán.
sea la época que sea las desgracias no pararán
mientras que no haya una verdad absoluta en el mundo esto no cambia.
El mundo en el que vivimos solo se destruirá por nuestra vanidad,
jamás avanzaremos hacia otro punto galáctico,
estamos aquí para enmendarnos de nuestros errores
que son los de hoy y los del pasado que ahondan en nuestras vidas,
ese amargo dolor que nos rodea
nos arrastra a las pesadillas de un mundo descontrolado,
el odio, los celos y la envidia.
¿cuándo llegará el día que esto parará?
¿cuándo llegará el día que nos dejemos de odiar?
el mundo es vanidoso como la vida propia
en este mundo nos postraron y debemos madurar con el tiempo
para demostrarnos a nosotros mismos a razón de este mundo.

Ω

Todos formamos parate de esa unión universal,
todos formamos parte de un mundo a trazar,
todos estamos unidos por ese cordón umbilical
que une el cielo y la tierra para la eternidad,
somos el soplo de vida que Dios nos da
nuestro cuerpo, alma y espíritu se consagrará.

Ω

Te escojo a ti príncipe del universo
entre todos los seres de este mundo,
Tú has mostrado al mundo la soberanía de Dios,
Tú nos has dado a entender la palabra divina
y Tú con tu espíritu nos honras.

Ω

El mañana llegará al comienzo de un nuevo día
cuando todo haya terminado y el mundo se postre ante tus pies
florecerá un nuevo día,
cantaremos aleluya al sol que resplandecerá
con el cántico de la aurora el nuevo mundo permanecerá,
con el cántico de la aurora traerá la paz a esta mundo que está por labrar.

Ω

Todos estamos aquí a la espera, esperando a la aurora
a que parezca un nuevo día y nos ilumine el alma
para que abra nuestros corazones que dormidos y atrapados están
por la ignorancia por creer la falsedad que hay en el mundo
y que nos tiene atrapados con las mentiras y engaños,
hay que abrir esa ventana al mundo
y entre las energías cósmicas porque ella traspasará las murallas
de un continente a otro mostrando la lealtad a Dios y a los hombres
para que reine la paz en el mundo
que llevamos décadas combatiendo el miedo
que penetra en nuestras entrañas.

Ω

Miro, observo y no veo nada
porque estoy tan ciega que no percibo lo que el universo me demuestra
porque he estado dormida tanto tiempo en la sombra del silencio
en un mundo de oscuridad donde no se percibe nada,
la historia de la vida es la que me tiene encerrada y atrapada en mis recuerdos
del pasado y del presente ahonda en mis memorias.

Ω

El mundo que nos rodea es mas frustrante de lo que se cree,
en el momento y en la hora
estamos al acecho constantemente
porque en algún momento puede saltar la chispa,
esto es un sin vivir,
estamos alterados todo el tiempo
y esto no nos llevará a ninguna parte,
nos traerá consecuencias a la larga
porque no sabemos congeniar los unos con los otros
al no haber una estabilidad que estabilice el orden,
si no hay un equilibrio tambaleándonos hasta no poder más
y nuestras fuerzas se agoten al no haber contrapeso que lo contra arreste.

Ω

El silencio es la mortaja,
con el silencio no adelantaremos nada,
el silencio no nos llevará a ninguna parte
sólo agachar la cabeza y esconder el ala,
somos cobardes por naturaleza o eso nos hacen creer
o es que ellos tienen las medidas con las que ellos nos pueden manejar,
ellos nos cortan la voz y no podemos dar nuestra opinión,
ellos llevan el control y no nos dejarán dar un paso más
y con la fuerza lo consiguen todo y con la disciplina debemos callar,
si sobrepasas un poco, allá las consecuencias,
este mundo jamás se pondrá en pie
si no se va con la verdad por delante.

Ω

¿Cuál es la verdad si la hay?
porque esconden la verdad
para dañar al pueblo,
la verdad no hace daño a nadie,
nos hacen portadores de la verdad,
la verdad nos protege de todo mal
y la verdad nos hace dignos del Padre,
la verdad nos hace merecedores de la vida
y la verdad nos hace libres de todas las ataduras.

Ω

Un tiempo, dos tiempos, tres tiempos y cuatro tiempos
es el tiempo que permanecemos en esta tierra
en este tiempo se marcan las cuatro estaciones
y los cuatro elementos tierra, agua, viento y fuego
tenemos que amoldarnos a las situaciones que el universo nos va ofreciendo,
nos van mostrando el pasado, presente y futuro
para aprender a canalizar los cinco sentidos.

Ω

Estamos a la espera de hallar con vida al muerto,
con sus cánticos y alabanzas
de nuevo escucharemos la voz que se proclama en el desierto
que retumbará en todo el firmamento,
son palabras acertadas al tiempo,
un tiempo que se generará de nuevo
con la nueva palabra, sonarán con el rayo y el trueno
retumbará en nuestros oídos las aleluyas de los cánticos nuevos
porque la nueva era traerá grandes acontecimientos,
acoplándose al núcleo de la vida nos sostendremos de nuevo
con la palabra divina convertida en versos.

Ω

El mundo nos está dando una lección
a la que no estamos preparados,
debemos poner atención a sus movimientos,
vendrán tiempos difíciles y debemos amoldarnos,
todo es poco para saber a lo que nos estamos enfrentando,
todo tiene un principio pero ya ha llegado ese principio
viene azotando fuerte porque fuerte es la caída y costará levantarnos,
ya no somos lo que eramos,hemos perdido los valores
porque hemos dejado entrar el estupor de la muerte
y nos tiene atrapados.

Ω

De alguna forma nos quieren hacer callar y tratan de quitarnos nuestra libertad,
nos han puesto unas condiciones que esto no hay quien lo pueda aguantar,
de ir hacia adelante vamos hacia atrás,
cada vez más nos estamos hundiendo en la miseria
y estamos al borde de la desesperación
o esto no levantará cabeza, ¡hay del mundo que nos esperará!
nada bueno esto traerá, si esto no se para a tiempo
ya podemos prepararnos porque la ola que se aproxima es más alta de lo normal,
el mundo que nos aguarda, debemos sujetarnos bien
porque viene azotando por los cuatro costados
y nuestro cuerpo flaqueará
De alguna forma o de otra estamos atrapados en este mundo de maldad.

Ω

¿Qué nos ha pasado?, ¿por qué no lo hemos visto venir?
ahora es tarde para remediarlo y el tiempo nos pasa factura,
hemos caído en la trampa ajena.

Ω

Buscamos un perfil que se adapte a nosotros
que se amolde a nuestras necesidades,
que sepa comprender la vida
y sepa ver más allá de todo lo que nos rodea
siendo el guardián del mundo que sepa valorar las cosas
y por encima de todo el amor hacia los hombres para ahuyentar los malos espíritus
que rondan por este mundo.
Porque nosotros somos débiles por naturaleza
y caemos rápidamente en las tentaciones,
buscamos ese líder que nos saque de estas pesadillas
que nos tienen atrapados día y noche sin consentimiento nuestro.

Ω

Todos estamos esperando a que esto se acabe
pero hay un tira y afloja y no se ponen de acuerdo,
ya se sabe que es difícil y hay que estudiarlo a fondo,
esto es muy complejo ha salido de la nada,
el mundo que nos sostenía se viene a bajo,
todos vamos a la deriva sin un puerto donde sanear,
Nos han puesto el yugo para no poder remar,
ni tú ni yo saldremos de este puerto y no veremos la luz brillar
en las noches cálidas y eternas, el mundo cambiar.

Ω

Lejos estamos de ver la realidad,
la realidad que fue robada al impulso de la vida,
todo ha quedado en suspense
y nos costará adaptarnos a la nueva situación,
una caída trae consecuencias y el mundo ha caído empicado,
levantarnos será lamentable
porque ya no hay las fuerzas con las que nos sosteníamos,
débiles e indefensos nos tienen
porque no tenemos el sustento de nuestra vida
porque al perder lo perdemos todo con el paso del tiempo.
¿Qué nos queda para poder sujetarnos?
todo desaparece delante de nosotros como ladrón que llama a la puerta
sin comerlo ni beberlo se esfuma,
todo por lo que has luchados y por lo que has vivido quedará nulo.

Ω

Espera aún hay tiempo para el mañana,
un mañana que estará a punto de ver la luz,
espera que está llegando la aurora
con el nuevo despertar de la conciencia.

Ω

Sólo estamos aquí de paso,
una vida por otra se da,
una vida que hemos forjado para la eternidad,
una vida que abre caminos hacia la realidad
formando una distancia hacia el más allá.

Ω

Tú y yo transmitimos esa luz que penetra en los corazones,
tú con tu palabra das vida al pensamiento
yo la escribo y la moldeo y trato que llegue a todo el mundo
donde hay incertidumbre y existe el caos
pero existe la esperanza que transmite paz y amor,
en los tiempos de oscuridad abre una ventana al mundo hacia la libertad,
Tú eres la antorcha de nuestra liberación

Ω

Lejos estamos de ver la luz,
la luz que ilumina el alma
porque no vemos con nuestros ojos la claridad perdida
y estamos perdidos en este mundo donde tropezamos
porque no vemos los baches y vamos dando tumbos de aquí para allá,
siempre estamos en el mismo punto, no adelantamos
sólo retrocedemos como la aguja del reloj marcando a la inversa,
en este mundo en el que estamos marca sus reglas,
en este mundo en el que vivimos ellos gobiernan.

Ω

Al no actuar correctamente ellos se aprovechan,
ellos buscan las tres patas al gato
y estamos desprevenidos,
ellos actúan en ese momento cuando estamos débiles
y cuando no podamos más nos cogen la revancha,
al no podernos defender actúan con astucia
manipulando-nos nos llevan a su terreno manejando nuestras vidas
y dictando las normas.

Ω

¿Qué nos queda del mañana?
un mañana que se hace certero,
un mañana donde las águilas vuelan,
donde el león ruge de nuevo.
El nuevo paraíso se ha contemplado,
las rosas y los pétalos perfuman el universo
y todos permanecemos firmes en esta tierra,
una tierra que fue sembrada y cosechada con la creación del Padre.

Ω

¿Qué está pasando?
todo se está descontrolando,
ya no somos los mismos a golpe de porrazos
llevamos un tiempo aguantando todo lo que nos viene encima,
¡basta! las cosas ya nos son así,
hay que dialogar las y plantearlas hasta que todos estén de acuerdo
porque luego pasa lo que pasa y es difícil detenerlo,
lo que se ha torcido es difícil enderezarlo
siempre quedan algunos resentimientos
y es difícil subsanar esas heridas que se clavan en el alma
y todo esto nos llevará a grandes desafíos
que no nos llevarán a ninguna parte,
de aguas turbias donde se ha revuelto el remolino
y no se puede salir, ahogándote.
Hay un tira y afloja, esto no está bien
porque lo estamos viendo venir y no nos dejaremos que nos manipulen.
Echad la manta a la espalda y echad a correr
porque lo que viene gordo es.

Ω

Todos llevamos a la espalda nuestros errores,
tenemos que cargar con nuestras consecuencias,
caeremos y nos levantaremos las veces que sean necesarias.
Para aprender en esta vida hay que ser consciente de nuestros actos
porque nada ni nadie podrá evitarlo, pero sí enmendarlo.

Ω

Todo está ahí al comienzo de un nuevo día
esperando al mañana que se iniciará con grandes cambios,
un mundo que te cambiará de la noche a la mañana,
todo será de luz bajo las estrellas transformando el universo,
todo está ahí a la vuelta de la esquina
porque hoy y el mañana se identificarán,
será el comienzo con el cielo y la tierra
entre el bien y el mal se intercambiarán las palabras
para el renacimiento de un nuevo orden
que constituirá el imperio robado, la matriz.
Estamos atrapados en nuestro propio mundo
donde es difícil manejar el timón,
todos mandan, todos gobiernan y tú solo a obedecer,
así que no hay esa expresión,
esa libertad con la que soñamos con el mundo a nuestros pies,
un mundo como no hay otro dejará de existir,
todo lo que está en nuestras manos se esfumará,
nada tenemos, nada obtendremos, como viene se va,
es lícito de la vida.

Ω

Hay muchos lobos para un rebaño,
la astucia abunda,
te la juega una y otra vez hasta que llegues a caer en su trampa,
son astutos, les dan vueltas de mil maneras,
abrid los ojos, no os dejéis engañar que las malas hiervas crecen en todos los lugares,
no os dejéis engañar por lo que os digan y os hagan,
tened bien sujetas vuestras posesiones
que el día del mañana la astucia ellos la sacan
porque olfatean el terreno y hacen balance de todos
haciendo recuento para sus beneficios,
no les importa lo que tú hagas o dejes de hacer
a ellos les da igual mientras que se salgan con la suya.

Ω

No hay que dejar que a uno nos pisoteen cuando has dado el cayo,
ya no se acuerdan de cuando has dado la vida por ellos,
hay que defenderse con manos y dientes,
de ello depende tu día del mañana,
ya no hay esa confianza cuando ellos mismos se la quitan para su conveniencia,
si te he visto no me acuerdo,
así es fácil que desaparezca la trampa
expuesta por los demás está al día.
Hoy me toca a mi, mañana a ti de tener la encerrona,
no les importa si tu respiras,
somos un número al azar, no hay un vínculo que nos una con la realidad,
somos objeto de posesión,
cuando estás pulido todo va bien
pero cuando estás oxidado te reciclan,
vaya forma de ser humanitario.

Ω

¿Qué mundo nos espera de aquí en adelante
si lo que estamos viendo ahora solo son desastres?
mires por donde lo mires todo está igual,
en el mundo en el que vivimos ¿cómo nos protegeremos
si vivimos al ras del suelo?
A cada paso que uno da acecha el peligro
porque no controlamos nuestros impulsos
y no somos conscientes del peligro que acarreamos,
cuando pase el tiempo,
nos daremos cuenta del desastre que hemos ocasionado
propio de un destino impropio,
no malgastemos el tiempo en destruirnos
porque el tiempo nos destruirá a nosotros mismos
porque no distinguimos el bien del mal
porque está tergiversado,
la mente nos juega una mala pasada
al compás que el mundo va avanzando
las personas vamos cambiando,
el destino de la vida está en nuestras manos
acopla-la a la divinidad del Padre.

Ω

Buscamos en cada latido de nuestro corazón
la sangre que purificó nuestra alma,
la que dio vida después de la resurrección,
el que mostró al mundo entero la lealtad a Dios,
ese ser que llevamos dentro es por su amor
que engrandece a los hombres con la bendición.

Ω

El mundo en el que estamos ya no es sostenible,
de un tiempo para acá ya no somos los mismos,
el modo de ver y de pensar nos ha cambiado la vida
ya no vemos con los ojos del alma
porque nos lo han tergiversador todo
de tal manera que ya no vemos las cosas con la misma capacidad
y con los mismos sentimientos
porque la vida nos ha marcado un paso definitivamente,
un antes y un después,
nos han cogido la revancha
y no nos soltarán hasta que hayan conseguido su propósito.
En este mundo en el que estamos sujetaros bien a la caída
afrontando las aguas turbias.

Ω

Vendrán tiempos difíciles, tendremos que adaptarnos a las circunstancias,
tendremos subidas y bajadas pero las llevaremos con resignación,
han habido tiempos peores y se ha salido
pero hay que ser fuertes a las decisiones,
no hay mal que por bien no venga,
a raíz que el tiempo va transcurriendo
más nos damos cuenta del mundo en que vivimos,
no hay que fiarse de nadie
al primer descuido te venden al peor enemigo.

Ω

El amor que traspasa el alma fluye a través de las energías cósmicas,
ahonda en mi corazón el fluir de la vida eterna,
todo lo que viene de Dios engrandece mi espíritu llenándolo de gozo,
traspasa todas las dimensiones cósmicas
porque el amor que hay en mi
se transforma en poesía, en los cánticos y alabanzas
que aclaman al Dios verdadero,
todo lo que se plasma en la vida
lo hago florecer en el universo
con sonetos y con músicas celestiales
que alcanzan las vibraciones cósmicas.

Ω

Todo es todo, y todo está en tus pensamientos,
todo actúa según tu ego
y todo se complementa con tu espíritu,
todo mana a través de tu corazón
la fuerza con la que te sostienes
avivas el fuego de tu alma
y abrazas el espíritu errante
el que te sostiene con la palabra,
el que te levanta y te caes la veces que sean necesarias
porque Él está ahí para velar por tus sueños.

Ω

Nos están tapando la boca para que no podamos hablar
y para que no podamos decidir,
nos están cortando las alas para no poder volar
porque al estar al ras del suelo
nos puedan manejar mejor.
¿En qué mundo es en el que estamos que no nos dejan libertad?
estamos atrapados en contra de nuestra voluntad,
ellos deciden nuestra posición ateniendo a nuestras consecuencias,
Nos dicen esto y aquello y nos lo creemos,
no vemos la malicia en los demás,
nos damos cuenta cuando ya se haya consumado
y cuando ya no haya tiempo para remediarlo,
ya no habrá tiempo para retroceder,
atrapados para siempre estaremos
porque no nos damos cuenta antes del peligro que esto conlleva,
las desgracias abundan por minutos porque donde no hay no se puede recoger.
Lo que han sembrado, a ver que resultados da.

Ω

En este mundo somos pasto para los buitres
y se está saqueando constantemente,
vivimos al raso y seremos escombros para las carroñas.
¿Que mundo en el que estamos que no nos dejan vivir
ni a son ni a sombra?
en este mundo hay que resguardarse de las malas hiervas
porque no podemos contaminar-nos por ese afán que tienen,
una vida por otra a la oscuridad nos traspasan,
una vida por otra nos están ahogando.
Este mundo algún día estará desolado,
no habrá un alma viviente en él
porque no vemos la maldad que en la vida representa.
Del corazón del universo
somos ese abono que en la tierra retumba,
no malgastemos el tiempo en cosas injustas,
mirad la vida es algo más,
no os durmáis, hay un camino tras de este que nos aguarda,
no dejéis que las malas hiervas atraviesen vuestro corazón
porque en la vida en la que vives es de Dios.

Ω

La madre tierra es la que nos soporta
pero a veces tiene que rugir sus entrañas
para darnos cuenta del peligro que le estamos ocasionando,
estamos nosotros haciendo sus heridas,
una vida que nos ha dado el porvenir
nos duerme y nos arropa y nos muestra un camino a seguir,
No en un futuro lejano
tendremos que partir con la liberación del alma,
con el conocimiento de dichas trayectorias
daremos en el firmamento
y la tierra volverá a ser la sombra del silencio.

Ω

Caminamos todos juntos pero en distintas direcciones,
no congeniamos porque hay distintas opiniones,
nunca damos con la dirección correcta
porque están tergiversadas
aunque des tantos rodeos vas a parar al mismo sitio
porque han modificado el terreno y han borrado el camino correcto
por eso estamos en el mismo punto y en el mismo lugar
una y otra vez sin avanzar repetidamente,
es como borraron nuestra mente,
sólo hay una cuarta parte de nuestros pensamientos
que se pueden modificar con el tiempo,
si despertamos nuestra conciencia
elevaremos nuestras energías a lo mas alto, la sabiduría.

Ω

Busco en los senderos de la vida,
ahondo en lo mas profundo de mi alma
radiando de luz el firmamento,
cuadrando en el perfil todas las maravillas creadas
que dan forma a los sentidos transmitiendo emociones,
trazando ese laberinto más allá del cosmos
donde hay vida después de la muerte
retornando-la a su posición de origen
narrando toda la creación donde mora Cristo.

Ω

El mundo nos está dando una lección
y debemos aprenderla con golpes y porrazos,
tenemos que admitirlo sea correcto o no
tenemos que ir todos a la par,
aunque nos choquemos tenemos que avanzar,
la cuesta se hace peligrosa y podemos rodar
así que siempre estaremos en el mismo lugar, una y otra vez,
el mundo nos da una mala jugada,
es una pesadilla que nunca se acabará.

Ω

Hemos de retornar al inicio donde se produjo todo,
donde se produjeron las pesadillas de un infirmo
y llevamos arrastrando mucho tiempo
y al parecer nuca se acaba,
es como avivar el fuego y encender la mecha
para ver los destellos como se explotan en el aire.
Ω

La verdad está ahí a fuera,
hay que buscar esa verdad que nos une a todos,
esa verdad que nos hace patriotas y que mora en el firmamento,
esa verdad mantiene al mundo,
en esa verdad el mundo se descalabrará,
no somos nada sin esa verdad,
esa verdad nos liberará el alma.

Ω

Tú eres el camino y la verdad,
en ti hemos de reflejarnos,
en estos tiempos que corren el mundo ha cambiado
vivimos en tiempos de angustias y de miedo
y se está apoderando el caos,
en todo el mundo hay confusiones
y nos estamos aislando los unos de los otros
al no haber confianza rehuimos.
¿Qué nos ha pasado?
¿por qué hemos dejado que otros nos manipulen
y nos cojan las riendas?
estamos atrapados entre la mentira y los engaños,
algún día saldrá la verdad cuando menos nos lo esperemos
porque la mente abierta da cabida a todo,
la esperanza no hay que perderla de ningún modo
porque al final saldrá a la luz
lo que nos inquieta a todos.

Ω

Busco sin descanso día y noche
las respuestas que ando buscando,
es difícil encajar las palabras y lo que lo define todo,
cuando cambian las palabras le dan otro significado.
He de buscar la manera del significado de lo que representan
para hallar la realidad de las cosas hay que mover montañas,
he de ahondar en lo más profundo de mi alma
para hallar la conjunción de los verbos.

Ω

Cada persona, cada ser de este mundo
busca un refugio en esta tierra,
en esta tierra en la que vivimos hay sitio para todos,
más grande o mas pequeño.
Si nacemos en este mundo es por algo,
no nacemos por nada,
hay que resignarnos a sobrevivir
nadie tiene derecho a quitarnos esa libertad
que nos fue dada al nacer,
la vida es el privilegio que Dios nos da a cada uno.

Ω

Soy el espejo de mi alma,
el espíritu que envuelve mi ser,
la flor que florece en el universo
y que mantiene la niña que es,
porque es el resplandor de la vida
que Dios puso en pie sobre la tierra,
yo camino por los senderos de la vida
alimentando mi corazón con las alabanzas divinas
y yo prodiga soy, manteniéndome firme en esta tierra
doy muestras de mi ser,
comparto con las aleluyas, con las músicas celestiales
la voz del infinito retumban en el firmamento
y de mí nace el amor que por Cristo es,
todo lo que soy y anhelo viene del más allá,
compartiendo las aleluyas una vez más el universo se colmará de gloria
porque la ha visto renacer bajo las estrellas,
en su corazón palpitando está.
De Dios nace la vida, y de la vida yo soy,
permanezco en este tierra a voluntad de Él,
a Él proclamó mi vida, porque es mi respiración
Él me dio la vida y lo que en realidad soy.

Ω

Corred y no os paréis ni un instante,
detrás el mundo viene azotando,
buscad un refugio seguro
y no pueda entrar la sombra que nos persigue,
no des esa oportunidad al que nos quita los sueños,
el mundo infinito nos da la claridad perdida,
no dejéis que os roben en la senda de este mundo,
demostradle a la vida lo importante que uno es.

Ω

El tiempo transcurre y la vida te va pidiendo factura,
vas avanzando en la vida y nos tira,
vas perdiendo la estabilidad que el cuerpo genera por sí solo,
porque hay un tiempo para cada cosa
y un tiempo para seguir viviendo,
un tiempo que brilla como el sol
y un tiempo para que tu espíritu se convierta en espíritu,
el espíritu que envuelve tu ser mora en ti,
la transformación del alma fluyendo por tus venas la sangre purificada.
El tiempo no tiempo eres tú,
tú eres quien equilibras tu estabilidad
y tú eres el que maneja el timón de tu vida.

Ω

Tú eres el rayo de luz que alumbra en el firmamento
y manejas el eje cósmico,
tú que transmites sabiduría y has marcado una pauta en el tiempo,
tú que has morado en esta tierra conoces todos los perjuicios,
tú que conoces los pros y los contras de todo el mundo
sabes manejar la situación en la que estamos viviendo,
hay un tiempo razonable que está esperando,
ese tiempo llegará con el alba al atardecer con la aurora
marcando el destino que nos aguarda,
nacerá el nuevo día con el solsticio de la luna.

Ω

Nada somos y nada seremos en este mundo
porque no nos dejan que actuemos como somos,
unos mandan, otros gobiernan y nos llevan a rajatabla,
en esta vida hay un tope, hasta aquí se llega y atento a las consecuencias.
No somos libres ni por asomo,
somos esclavos de por vida.
Ellos deciden tu cometido porque así se lo han planteado,
desde los tiempos antiguos han ido cogiendo fuerzas,
con el paso del tiempo se han adueñado de nosotros
y ahora es tarde para lamentarnos,
sólo el tiempo apremia y sólo el tiempo decide por nosotros.

Ω

La flor que florece en el universo
florece con gran sabiduría,
lleva el don de la palabra expuesta por los mas sabios,
ella ahonda en lo más profundo de su alma
en busca del amor perdido
y poder transmitirlo en generaciones
ese amor lleva las iniciales del Padre que mora en los cielos.

Ω

Con cada palabra, cada letra va tejiendo el manto de la aurora,
con los cánticos y alabanzas que ella compone
busca la esencia de la vida que está más allá de los confines de esta tierra,
ella mora en los cielos y mora en la tierra.

Ω

Ella abre los caminos que ocultos quedaron en la tierra,
la lluvia y el viento los borraron y es difícil hallar los caminos,
año tras año ocultos quedaron, pero dejó las huellas de su hijo bien amado,
ella es la que abrirá y marcará los caminos firmes y seguros por las sendas de este mundo
dando muestras de su Hijo que está en el reino de su Padre.

Ω

Todos formamos parte de esa unión universal,
somos hijos del sagrado corazón,
Dios muestra a sus hijos su amor verdadero
y estamos unidos por ese cordón umbilical que une al Padre con el Hijo
dándonos muestras de su amor transmitiendo su sabiduría,
mora en nosotros penetrando en nuestros corazones
avivando el fuego de nuestra alma,
nuestro espíritu se alzará al cielo siendo sus patriotas
el amor que por Él se vive.

Ω

En este mundo en el que vivimos es pasajero,
como viene se va como un rayo,
cuando nos hemos dado cuenta hemos desaparecido,
de la noche a la mañana somos cautivos prisioneros de la vida,
nada queda de tu pasado, presente y futuro,
¿qué somos en realidad?,
polvo de estrellas que se esparce por el firmamento.

Ω

Cuanto más busco más me alejo
porque una cosa te lleva a otra,
es como un laberinto que no deja de dar vueltas
hasta llegar a agotarte y cansado por el agotamiento,
en este mundo es difícil mantenerse en pie por mucho tiempo,
las fuerzas te fallan porque en este mundo necesitamos el oxígeno que respiramos.
Todo lleva su tiempo como las estaciones,
el nacer y el morir es el tiempo estipulado,
cada raíz de esta tierra tiene su primogénito.

Ω

Buscar y buscar, ¿a dónde te lleva?
no hay muchos sitios a donde ir,
caminas y caminas al mismo par
y siempre estás en el mismo lugar una y otra vez,
es como dar la vuelta a la ruleta,
no sabes dónde te sostendrás en este mundo.
El destino lo tienes tú que marcas a raíz que pasa el tiempo,
vas aprendiendo sabiduría e inteligencia y con el tiempo serás mas sabio,
palabra de Rey, el que tiene todos los conocimientos y mora en ti
traspasa todas las dimensiones y ejerce un poder sobrenatural en todo lo que habita,
Él es el que es, el espíritu errante.

Ω

Nada tengo y nada soy,
sólo estoy en este mundo a la voluntad de Dios,
Él maneja mi vida de donde vengo y a donde voy,
Él me ha enseñando todo lo que se,
Él es mi maestro y mi guía, de Él lo he aprendido todo
reflejándose en mi corazón me colma de gloria.

Ω

Sola caminando por este mundo buscando un refugio para poder resguardarme,
no hay un sitio en esta tierra que cumpla su objetivo,
todo lo que hay en este mundo vuelve a su origen.
Este mundo es blanco o negro, uno decide,
en el mundo está la balanza de todos los actos
narrando tu vida, narras tu historia.

Ω

Tú marcas el camino, tú dictas las normas
nosotros tenemos que seguir tus pasos por lo ancho de este mundo,
Tú que estas presente en nuestros pensamientos
porque Tú has dado tanto y has hecho tanto por nosotros
que tenemos que aprender de tu ejemplo,
deja que nuestras heridas cicatricen con el paso del tiempo
nos daremos cuenta de quien eres
y lo que representas en él.
En el mundo eres el que eres,
la verdad en Ti brota en todo el cosmos
tu verdad es única y la verdad nace de Ti.

Ω

Lo que pasa, pasará sin darnos cuenta,
en sólo un instante cambiará la vida
del modo de actuar y de pensar,
y pasará a otro nivel,
El mundo no te atrapa sólo inicia otro paso con mayor poder,
quedan atrás todos tus sentimientos para recorrer un nuevo comienzo
de cuando uno se da cuenta hechas tus pasos hacia adelante prolongando una nueva identidad,
al inicio de tu evolución mantendrás el estatus de nuevo.
Será hoy el presente de tu aprendizaje,
has dejado atrás tu pasado y tus recuerdos,
estás limpio de ataduras manteniendo tu vida de nuevo
desplazándola a otro ser divino.

Ω

¿Qué pasa en este mundo con tantas incógnitas?
¿por qué pasan cosas inexplicables?
vivimos en un mundo lleno de misterios
y aún están sin resolverse, ¿a qué es debido?
no somos capaces de desenvolvernos y tener la capacidad de adaptarnos,
vivimos la vida a tropezones,
no sabemos como aguantarnos,
no es fácil vivir en este mundo cuando hay tantas contradicciones.
En el mundo en que vivimos es lo mas misterioso
porque debajo de la tierra ruge como el demonio.

Ω

De alguna manera nos están cortando la vida,
nuestros sueños se esfuman
todo lo que has planteado se disuelve en un plis-plas
todo lo que has vivido y has luchado queda confiscado
porque en los tiempos que corren no tenemos ni para sustento,
¿cómo hemos llegado a este extremo?
ya no somos personas, alguien nos ha lavado el cerebro con mentiras y engaños,
cuando sepas la verdad ya será tarde para remediarlo.

Ω

Todo funciona según el sistema,
da igual pese a lo que pese,
sólo se basan en lo que sus conductas dictan
y eso es lo que hay, quieras o no quieras
ellos están por encima de nosotros,
ellos manejan el control llevando-lo a rajatabla, esto no es así,
todas las cosas tienen su tiempo
haz que sean razonables,
ya se sabe que en este mundo todo se paga
sea el motivo que sea se sigue adelante,
pese a lo que pese
las decisiones están echadas.

Ω

¿Qué pasará de aquí en adelante?
todo se ve gris y han movido los hilos
y el mundo se está descontrolando,
de alguna forma se ha dado en la llaga
y no hay nada para perforarla,
con el tiempo se cerrarán las heridas.
¿cómo afectará a nuestro sistema?
¿cómo nos mantendremos a salvo
si esto fermentará con el tiempo y dará señales de ello?
¿a ver qué mundo nos espera de aquí en adelante?
porque el cuerpo es frágil y puede romperse fácilmente,
a la vista está todo lo que nos rodea.

Ω

Caminamos todos juntos y todos juntos labramos la tierra
pero no toda la tierra es fértil,
unos más que otros necesitan más abono,
necesitan la mano de obra para mantenerse al mismo nivel que en el mundo se requiere,
un mundo equilibrado equilibra nuestra mente,
un mundo equilibrado se mantiene en órbita.

Ω

El tiempo pasa y sin darnos cuenta el tiempo transcurre,
no dejes que el tiempo te arrastre con él,
tú eres tu tiempo y tu tiempo la vida
y el tiempo estipulado que Dios lo decida.

Ω

Todo pasa tan deprisa que sin darse cuenta una parte de su vida ha transcurrido
y piensas, ¿qué has hecho en la vida?
no tienes un argumento que lo explique y que lo puedas mantener,
el pasado queda atrás sin resolver al no tener una base donde plantearlo,
tu vida es como una hoja de papel que la coges y la envuelves sin poner nada en él,
así es la vida, naces y mueres y todo desaparece en ti.

Ω

Tú eres tu propio camino y tu propia meta,
tú decidirás como plantearlo,
no dejes que la vida te controle, controla-la tú a ella,
sed fuertes a las decisiones, no te acobardes por nada del mundo
tú has venido a este mundo, hazlo grande, hazlo como tú sabes
porque la senda de la vida te está esperando

Ω

Todos tenemos un camino a seguir
por las sendas de este mundo,
nada ni nadie puede planteárnoslo,
cada uno tiene su cometido
y tiene que decidir por sí mismo,
la vida es corta, dejemos la que la vivamos plenamente.

Ω

Mañana, sólo el mañana decidirá por nosotros
según como hagamos y actuemos así nos mantendremos
por lo largo y ancho de este mundo,
sólo el camino conocerá nuestros pasos,
nuestro sudor y lágrimas marcarán el inicio de nuestra vida
en el caminar diariamente donde se forma la composición de nuestro ser,
en él se va transmitiendo el lenguaje corporal
donde las energías fluyen manteniendo el contacto con la tierra,
sólo el mañana decidirá nuestra posición,
en este universo cósmico hay que recorrer muchas leguas a lo largo de este mundo
manteniendo la compostura de donde somos y a donde vamos.
es la pregunta que siempre nos hacemos.
Es largo el camino donde se funde nuestra vida,
para llegar al firmamento hay que ser espíritu errante.

Ω

Estamos buscando un lugar en este mundo,
pero este mundo te ahoga,
en este mundo no hay lugar para los vivos
sólo iniciamos una etapa hasta que concluyamos pasarán muchas cosas,
según pasa el tiempo se va reformando el proceso
y la vida no nos deja de sorprendernos,
lo mismo que hay alegrías también hay sufrimientos.
¿qué mundo es en el que vivimos que hay bastantes contrastes y distintas opiniones?
el mundo que nos espera mejor no imaginárnoslo,
se está viendo caer el mundo bajo nuestros pies
porque no sabemos manejar el sistema que abarca una vida
y ¿cómo controlar lo incontrolable?
es como andar en aguas turbias
cuanto mas las remueves mas la ensucias.

Ω

El mundo hay que dejarlo que siga su curso y no alterarlo,
hay que dejarlo que vibre por sí solo,
él nos da la lección de como debemos actuar,
él se va renovando constantemente con la primavera, verano, otoño e invierno,
así somos nosotros con las etapas desde que nacemos
formamos un vínculo con la tierra
para transformar de un nivel a otro nuestra consciencia.

Ω

¿Qué nos aguarda?, ¿hacia donde mirar?,
mires por donde lo mires todo es igual
¿qué nos quedará?, nada porque la vida difícil está,
hemos caído empicado, ¿cómo saldremos de este atolladero?
nos han puesto una cuerda al cuello,
si se afloja todo va bien
pero si se aprieta deja de respirar.
En este mundo en el que vivimos la guadaña segando está,
perímetro a perímetro no dejará nada a su paso
y el pudor de la muerte se olerá,
no hay un lugar en este tierra en el que nos podamos resguardar.

Ω

Todo tiene un principio y un final,
lo que ha de ser será,
vayas por donde vayas,
mires por donde mires sucederá.
En este mundo no hay escapatoria,
lo que está escrito, escrito quedará,
sólo hay que ver las cosas con otras perspectivas
ya sabemos que en este mundo las desgracias no viene solas
y sólo estamos de paso en este mundo infernal.

Ω

El camino no es otro que el que tu caminas,
el camino es tu vida,
tú eres el que guías tus pasos y hacia donde quieres llegar,
no te detengas al final del camino, luego te costará avanzar
porque el que se queda atrás es porque no está seguro de sí mismo,
la vida es un milagro, protege-la que es lo único que tendrás a lo ancho y largo de este mundo.

Ω

A lo que hemos llegado, de un mundo de luz a las tinieblas.
¿qué nos ha pasado de la noche a la mañana todo ha cambiado?
nos han dado una gran bofetada y el daño ya está hecho,
un daño que no se puede remediar porque es tan grande el golpe
que no lo hemos visto venir,
todos corremos el riesgo de lo que no se puede evitar
y todo el mundo vamos detrás de la colmena.

Ω

La vida se nos está yendo de las manos,
no hemos sabido plantear las cosas,
no lo hemos parado a su debido tiempo y ahora pagamos las consecuencias,
ahora vamos sin rumbo hacia ninguna parte,
ahora es cuando nos estamos dando cuenta del mundo que nos rodea,
Nos están dando azotes por todas partes, a ver cómo lo aguantaremos.
La herida que se ha generado sangra por todas partes,
¿cómo aguantaremos al desastre que se ha generado en todo el mundo?
no hay una base donde asentar los cimientos
y menos para que se sostenga,
cuando el mundo se cae es porque está defectuoso,
hay que mirar por dentro y por fuera que es lo que lo genera,
hay que arrancarlo desde la raíz a lo qué es debido,
o que se pudra y haya el pudor de la muerte.

Ω

El silencio nos mata y la mente nos traiciona
porque no dejamos de pensar en todo lo que está sucediendo,
día tras día este mundo nos están arrastrando a lo más profundo de la miseria,
todos estamos embarrados por el polvo de esta tierra.
¿Qué nos aportará el mañana?, porque las desgracias no vienen solas,
caerse y levantarse llevará mucho tiempo
porque esta caída no es cualquiera,
el dolor lleva la cuesta del peso a nuestras espaldas,
el camino que arrastramos es la cuerda que va tirando de nosotros
y nudo tras nudo son las personas que se van soltando,
han tirado tan fuerte que no nos dejan espacio alguno.

Ω

Nada somos en este mundo, sólo vivimos para mejorar nuestra vida,
en este mundo no hay nada que plantear porque naces y mueres,
toda la vida luchando y protegiéndote y al final no tienes nada,
todos tus esfuerzos se van agravando en tu cuerpo
y das muestras de ello con los años,
es la cruz del calvario la que nos hace fuertes,
es el amor y el dolor que nos hace a los hombres vulnerables,
la vida no consistiría en nada si no hubiese un protector que nos guía,
qué sería de nosotros en los confines de este universo.

Ω

Cuándo llegará el día que la verdad salga a fuera y que sea descubierta,
ya es hora de desatar todos los temores y ver las cosas desde otro punto de vista,
ya se han aguantado demasiado las mentiras para mantenernos a todos bajo control
y llevarnos a todos por la vereda,
se han inventado una causa para controlar nuestras vidas,
sabemos que todo tiene un proceso pero no a raja tabla,
parece que estamos prisioneros en nuestro propio mundo,
no podemos hacer ni deshacer fuera de nuestro entorno,
estamos controlados y vigilados por los que llevan el sistema
¿por cuál?, es difícil saberlo
porque la reina madre está protegida por sus labradores
y harán todo para controlarnos por todo el perímetro de la tierra.
Hoy por hoy estamos a sus ordenes
hasta que no encontremos la patraña de lo que nos están dispuestos a hacernos,
ellos no pararán, nosotros no pararemos porque nuestra vida está en juego,
hasta que no demos con las respuestas no descansaremos
nadie tiene el poder suficiente para controlarnos.

Ω

Nos tapan la boca para así no poder hablar
porque hay tantas cosas que no se pueden decir
puedes dañar a tu prójimo y a ti mismo
pero así se podrá demostrar la verdad que oculta está a nuestros ojos,
sólo hay que mover montañas y echar agallas,
no hay mal que por bien no venga
todo tiene sus riesgos y sus consecuencias,
este mundo en el que vivimos nos da muestras de ello,
sólo la verdad juega un papel muy importante en nuestras vidas
porque nace del amor y del amor se funden las palabras,
el silencio se despierta y no hay nada en este mundo que nos haga callar.

Ω

Las fuerzas moran en ti y tú tienes la palabra
tú manejas el control y decides por ti mismo
porque sólo tú eres tu propia vida y tu ser que te acompaña.

Ω

Somos del árbol que se plantó en la tierra,
el que florece todo el año y no se deshoja,
somos de la raíz y el tallo
donde el aroma siempre perdura,
esa esencia de la vida se funde en todo el cosmos,
el hijo de la vida nos mantiene a salvo
porque Él constituye el linaje de todos los tiempos.

Ω

Somos parte de su esencia los hijos adoptivos,
somos los que llevamos la bendición de Cristo
porque Él se postró en la tierra bendiciéndonos en su nombre a todo el mundo,
Él mostró al mundo entero la razón de su existencia,
hoy perdura por los siglos su amor infinito
ese amor lleva las fuerzas del todo poderoso.

Ω

¿Qué somos en realidad al final de los tiempos
si somos polvo que el viento lleva?
somos las cenizas que se postrarán en la tierra
y somos espíritu que traspasará el cosmos,
Dios nos mostrará las sendas que se proyectarán en el firmamento
porque al tener lógica la vida pertenecemos a dos mundos
pero sólo uno nos mantendrá vivos.

Ω

Tú eres el sol que resplandece en el universo,
Tú eres la energía cósmica que se proyecta en el cosmos,
Tú eres hijo de la luz que mantiene los corazones unidos
por ese amor que se traspasan las dimensiones
y buscamos día y noche las fuerzas con las que se proyectan en el cosmos,
Tú eres nuestra canalización de energía y de espíritu,
Tú eres la luz de nuestra alma que ahondas en nuestros corazones,
Tú eres esa llama encendida que nunca se apaga
porque brillas con luz propia de ese amor inmaculado,
sólo Tú puedes mantener esa luz que resplandece en los cielos
proyectando así el universo cósmico
porque nosotros somos de esa chispa que florece en el firmamento,
Tú nos has dado la vida al penetrar en nuestros corazones,
Tú nos has dado esas fuerzas para que sigamos brillando de esa luz que nunca se apaga
déjala que brille eternamente bajo el sol de la primavera.

Ω

El mundo ya no es lo que era
han dejado de florecer las rosas,
ya no llueve, ya no se riegan los campos
porque la atmósfera está contaminada,
¿qué será de este mundo?, ¿cómo podremos subsistir?
porque nos van dando azotes uno tras otro y no podremos enderezarnos.
La vida nos está enseñando la otra cara de la verdad,
nos está enseñando las fuerzas del más allá,
¿qué buscamos en este mundo que no podemos hallar?
esta fuera de nuestro alcance pero a la vista está,
se halla en cada rincón de este mundo buscando la libertad,
en este mundo en el que vivimos nuevas raíces se plantarán con la llegada de la aurora.

Ω

La tierra se teñirá de rojo,
la tierra se vestirá de negro,
ya no nos sostendrá y caeremos tendidos sobre el asfalto
porque algo en la atmósfera lo está contaminando,
todo el perímetro de la tierra se está infectando,
que extraño suceso nos arrastra a las pesadillas de un infierno,
esa vida con la muerte nos atrapa a uno,
no podrás huir, sólo ser fuerte, el destino de cada uno nadie lo sabe
sólo Dios está en vela, velando por nosotros.

Ω

Estamos viendo caer como el mundo se demora,
un extraño suceso afecta a la vida,
el camino se ha hecho peligroso y hay miedo por todas partes,
nos estamos convirtiendo en solitarios
porque ya no hay confianza en sí mismos,
el miedo invade el terreno,
el miedo nos aleja a uno,
el miedo no ayuda a nadie y hay que ser fuerte a la caída
para poder levantarnos de nuevo,
para vencer todos los obstáculos que en esta tierra se generan,
han habido cosas peores y se ha salido adelante,
el miedo es la máscara de cuanto nos rodea,
el miedo obstruye todas las salidas,
el miedo empeora las cosas,
hay que ser conscientes de lo que pasa y tener sangre fría
para quitar el miedo hay que ser fuerte como una roca,
es decir, yo estoy aquí, eso es lo que vale, eso es lo que importa,
eso es lo que está por encima de todas las cosas
ser consciente de lo que pasa en el mundo.
Ω

Tú estás ahí esperando a que los tiempos cambien
que se de una salida a un nuevo rumbo,
el tiempo en el que estamos está demorándose
ya no somos los de antes, ya no caminamos como es debido,
estamos pendientes de lo que tenemos delante,
el miedo acecha, el miedo nos hace cobardes
y vamos con tensión a que nos de un infarto.
La vida que nos sostiene está por encima de nosotros
hay que hallar el equilibrio para mantenernos firmes en esta tierra,
hay que mirar con los ojos del alma para ver los sentimientos para modificar la vida
y constituir-la de nuevo bajo el resplandor del universo
y mantener firme nuestra historia que es la de todos
del presente, pasado y futuro es la lógica de la vida, es mantenerla viva.

Ω

Cada ser de este mundo es un granito de arena puesto en la tierra,
somos tan diminutos que es difícil vernos desde el universo
pero a la vez somos tan grandes que tenemos a Dios
que modificó nuestra historia, sin Él no estaríamos hoy aquí presentes,
el mundo no sería mundo sin esa varita mágica.

Ω

La historia del ayer hoy es presente,
sin el ayer no estaríamos aquí presentes
porque el presente mañana será el futuro,
será la historia de todos los tiempos.
Todo gira alrededor nuestro,
todo está relacionado entre sí,
la tierra y el universo bailan al compás,
es una peonza girando alrededor del sol,
mantiene todas las energías que van proyectándose
con los rayos del sol manteniendo-la en órbita,
manteniendo nuestras constantes vitales,
es la madre tierra la que sostiene nuestra existencia
de ella fluye el manantial que mana leche y miel,
la madre es nuestra cuna de nuestro despertar de nuestra consciencia.

Ω

La noche cae susurra el viento
y las noches se hacen eternas,
las noches son de los buitres y de las carroñas que invaden el silencio,
es la noche la que nos envuelve en el vacío de la oscuridad,
es cuando te coge desprevenido el susurro de satanás
el que nos invade nuestros pensamientos y se acopla a la realidad
invadiendo el terreno se apropia de tu identidad.

Ω

Huir, ¿de qué? si al final darán contigo,
no podemos escondernos, nos encontrarán de todos modos,
son astutos y buscan todas las salidas,
ellos conocen palmo a palmo la estructura de la tierra
porque son los emprendedores,
somos prisioneros de un pasado, presente y futuro
de la ira de satanás
con mentiras y engaños caeremos en su trampa de pecador
que nos envuelve con su cólera,
¡hay hazaña del mal que embruja a las personas
para quitarles su libertad!
¡hay bestia del demonio que te arrastras por el mundo!
nada podrás hacer porque tu tiempo es limitado,
se acerca el tiempo de la verdad,
entre el bien y el mal se cruzan las palabras
y se enfrentarán una vez más al destino de la vida.

Ω

Todo nace a la vida, pero todo tiene un final,
todo tiene un límite y todo nace de nuevo a la vida
hacia otras dimensiones se proyecta la vida a otro espacio infinito
nuestra alma y espíritu gozarán eternamente con la morada de Cristo,
libres seremos de nuevo en una tierra extraña.

Ω

El destino de la vida sólo Dios lo conoce,
sólo Él sabe su principio y final,
nosotros sólo nos acoplamos a su tiempo,
un tiempo que Él nos ha dado,
un tiempo que para nosotros es esencial que carece de sentido,
ese tiempo debemos sujetarnos
porque ese tiempo está al caer,
ese tiempo empañará nuestros ojos
y en ese tiempo obtendremos la libertad,
ese tiempo se apremia a los hombres con su lealtad.
El que conoce la verdad, la verdad será digno de él,
para encontrar el destino hay que madurar,
hay que abrir nuestro espíritu a la realidad que percibimos
pero que no vemos porque está trucada,
la han manipulado de tal manera que ya no la vemos,
ese destino cambiará nuestras vidas,
ese destino acaba de empezar,
marcará una época en la que es difícil mantener,
el mundo ya no es el mundo en el que se podía confiar,
han marcado una época en nuestra vida que es difícil olvidar,
vida con la muerte se nos llevará
en un abrir y cerrar de ojos
desapareceremos de la faz de la tierra,
el silencio de la verdad oculta en la mirada,
la vida que conocemos es la vida que representamos.

Ω

Todo empieza y todo se termina, y ¿en qué queda?
nada, el silencio absoluto
todos partimos de esa base, de ese conocimiento
que nos demuestra la vida,
somos lo que somos, lo que Dios quiere que seamos
polvos de ángeles esparcido por el universo
hasta que nuestro espíritu se consagre.

Ω

Nos están poniendo barreras y es difícil atravesarlas,
vayas a donde vayas parece que estamos enjaulados,
nos cortan el paso, hasta aquí hemos llegado,
no echar un paso mas hacia adelante porque te echarán el guante
tenemos que resignarnos y ver que sucede
pero esto pinta mal, es una pesadilla que debemos despertar,
es algo que no debía de haber pasado
pero está sucediendo, a la vista está
que estamos cayendo en un pozo sin salida,
sin comerlo ni beberlo tenemos que tragarnos-lo
¿quién sanará esas heridas que se están agravando
y se están generando a cuenta reloj?
somos víctimas del enredo que se desató y ahora todos corremos el riesgo
de ser abatidos en contra de nuestra voluntad,
esa sensación de ahogo de no poder hacer nada
y esperar a que las aguas se calmen
y tener la atmósfera limpia y clara
llevará tiempo que el agua llegue a su cauce
y de mientras en vilo estaremos,
esto es una hazaña que nunca olvidaremos,
mantendremos la compostura y echaremos agallas.
Es lo que nos espera de aquí en adelante,
hay que echar fuerzas y valor a ese extraño suceso
que abunda por todo el mundo con una fuerza atroz.

Ω

¿Cuándo llegará el día para cuando llegue la hora para que estemos preparados
y pendientes de ese gran día?
porque se acerca el tiempo donde las hojas caen y las rosas no florecen
se quedan marchitas, un tiempo donde se agotará todo
porque no habrá abastecimiento para saciar la sed y el hambre,
un mundo desolado nos espera a la caída del alba,
dormidos quedaremos y no despertaremos porque este mundo cambiará de rumbo
porque se descontrolará el espacio abierto,
una milésima de segundo tendrá un impacto
donde el universo retumbará en nuestros oídos
con el zumbido de las trompetas cabalgarán los cuatro jinetes.

Ω

Todos corremos el riesgo de ser abatidos por un extraño virus
que se apodera de nosotros invadiendo nuestro cuerpo,
va contagiándonos a todo el mundo sin tener piedad de ninguno,
nos va arrastrando uno por uno,
sólo hay que esperar a que el tiempo pase
y que se vaya disipando
y podamos amoldar nuestra vida de nuevo,
cada vez hay mas casos, esto traerá consecuencias a la larga
porque quedarán cicatrices que jamás olvidaremos.
El miedo acecha, el miedo nos invade
es como una telaraña que va tejiendo y no deja de hilar
hasta que no se acabe el tiempo todo lo que empieza se termina,
pero, ¿a qué precio?
la vida de la personas es lo más preciado del mundo
hay que correr y subsanar las heridas lo antes posible,
hay que cortar por sereno lo que nos está invadiendo
y combatir el virus, fuego con fuego
desde las entrañas de su invernadero,
hay que buscar el punto donde se genera todo
porque se nos está yendo de las manos y es difícil controlarlo.

Ω

¿Qué nos espera del mundo que parte del más allá?
desde otro mundo y desde otro ángulo,
desde donde se percibe todo el cosmos
está lleno de energía del espíritu de Dios,
un mundo sostenible y con gran capacidad de porcentaje,
un mundo que se sostiene con el amor infinito
que proyecta la vida y se proyecta a sí mismo
porque Dios es el creador y se va fundiendo de la nada la gran suspensión.

Ω

Nos están quitando las fuerzas
y débiles estamos todos
por no haber parado antes lo que se estaba aproximando,
una ola invade el perímetro de la circunferencia
todos estamos indefensos y nada para detenerlo,
el tiempo es el que decide nuestro destino
no hay donde agarrarnos es una lección de vida o muerte
hoy estamos aquí, mañana no se sabe,
vivir sin haber vivido
¿qué nos espera del futuro
que arranca de tu alma el espíritu?
un vacío que inunda las penas ahoga las entrañas,
con el fluir de la vida se van agotando las fuerzas
y llevándose nuestros ánimos.
El mundo es una trampa donde caemos todos
porque no vemos más allá de nuestros conocimientos,
el mundo en que vivimos nos atrapa a todos
en un abrir y cerrar de ojos todo desaparece
y el futuro de la vida depende de todos
porque todos estamos en el mismo barco del espacio infinito,
el universo es la base de nuestro asentamiento.

Ω

No nos deja ver la sombra de satanás,
nos tiene atrapados en su iniquidad bajo su potestad,
ha cogido las riendas y no nos soltará
porque ahora es su tiempo
en este mundo en tinieblas se pondrá,
no dejará que veamos la luz que él jamás verá
porque eres la sombra de este mundo
y no dejará florecer el fruto de la vida
y pondrá este mundo en pie de guerra
porque él jamás podrá amansar a las ovejas del buen samaritano
que supo entender este mundo con sus defectos
y dio una esperanza al mundo para el final de los tiempos,
debemos cogernos a su voluntad y dar una esperanza al mundo
sin mirar atrás, la gloria de Dios en nuestras manos está
ver el mundo cambiar hacia la iluminación eterna.

Ω

Hay que atravesar las barreras del bien y del mal,
hay que ahondar en lo mas profundo de nuestra alma para ver la verdad,
hay que ser conscientes de todo lo que sucede alrededor nuestro,
hay que motivar los hechos para adquirir esos conocimientos
que se otorgan en la vida,
hay que buscar más allá de nuestro presente
porque el futuro está cerca,
porque están al caer el alba los sueños que harán realidad la vida
traspasarán nuestros conocimientos,
nuestro espíritu se llenará de gloria alcanzando la claridad perdida.

Ω

Partimos hacia un mundo lejano,
viajamos a través del tiempo
transformando nuestro cuerpo en espíritu
acoplándonos al cosmos,
estamos en un espacio abierto
desde donde se ve todo el firmamento
transformándonos la vida a cada paso que vamos formando
más nos vamos identificando en la posición del cosmos,
todos estamos unidos al poder del Padre
porque el Padre es la base de todo comienzo
donde se efectuó dicho complejo
obteniendo la vida creada hizo un mundo perfecto
sosteniéndonos todos en su pensamiento gozamos de ese privilegio,
ser parte de la vida y parte del supremo,
las energías que traspasan el árbol de la vida del bien y del mal
se acoplan a nuestra identidad.

Ω

Despertad! que amaneciendo está
no os quedéis dormidos porque será tarde para despertar,
hay un tiempo para prepararse para la llegada de lo que sucederá,
el tiempo es muy valioso, no os dejéis escapar la oportunidad que Dios os da,
Él es el tiempo y la vida de vuestro despertar,
Él es el que conoce toda la verdad de ese despertar de la aurora,
los pétalos y las rosas florecerán con la llegada del más allá hacia un mundo renovado
para toda la eternidad.

Ω

El tiempo pasa y van quedando las cicatrices
que con el tiempo se han generado,
estamos en vilo y aún no se detiene
y va dejando secuelas, es una fase que el mundo no se lo esperaba,
todo estaba en la normalidad
y de la noche a la mañana se paralizó todo
quedándose en suspense
esperando la última decisión a que se aclare la vida
porque en tinieblas estamos desde que se desató el desastre,
muchas vidas arrancadas sin el consentimiento de uno,
¿en qué mundo es en el que vivimos que no da tregua alguna?
esto es una batalla entre la vida y la muerte,
deciden por nosotros como ovejas en el matadero,
al ser humano ya no se le valora
porque ya no hay sentimientos que en el corazón implora.

Ω

todo esto pasó, pero de qué manera
hemos perdido la confianza mutua y vamos esquivando a los demás
ahora estamos aislados y prisioneros en contra de nuestra voluntad,
se va tiñendo de negro por la hazaña del mal
que penetra en nuestro cuerpo sin piedad
y nos va arrastrando como un huracán barriendo de aquí para allá,
no hay un sitio para descansar en todo el perímetro de la circunferencia,
la tierra afectada está y ahora estamos luchando por sobrevivir al ataque a nuestro cuerpo,
debemos combatir el extraño virus y así poder afrontar los retos de nuestra vida,
una vez más la vida nos da una lección que se estudiará meticulosamente a través de lo hechos.

Ω

Corred no os detengáis! seguid el camino que os demostrará!
el camino que debéis de recorrer no es fácil y está lleno de cardos y espinos
y debéis ser fuertes a la hora de traspasarlo porque lleva las heridas del calvario
marcadas sobre la tierra y es difícil mantenerse uno en pie
porque viene azotando la fuerza del mal,
una vez más el mundo caerá rendido por el agotamiento físico y moral
pero la fe mueve montañas y el amor engrandece al hombre
y el espíritu de Dios os mantendrá sanos y salvos en este mundo terrenal.

Ω

¿Hasta dónde hemos llegado?, de ser libres a ser esclavos
a tener el mundo a nuestros pies y estar atados,
¿cuánto durará este tiempo estipulado?
hoy se dice una cosa y mañana otra
no hay una respuesta exacta
porque cambian de argumento de un momento a otro
quedándonos confiscados y aislados de todo el mundo,
¿cuándo saldremos de nuestros aposentos
para ver la luz resplandeciendo en los cielos?
estamos echando de menos el murmullo de la gente,
hay una soledad que invade nuestro cuerpo,
estar atrapados en nuestro propio mundo,
el miedo es cobarde, atrapa a uno
al caer las defensas que nuestro cuerpo genera
porque hay tanta presión que nuestro corazón se acelera.

Ω

El tiempo nos está dando una lección
y debemos aprender de nuestros errores,
debemos ser mas positivos y enfrentarnos a los hechos
porque lo que ha sucedido en este mundo ya no es como antes
hay que mirar hacia adelante y hay que tener agallas
y mostrar al mundo de que de todo se sale,
el camino para el final nos aguarda
tenemos que tener las ideas claras
y poner nuestra vida en orden
para que no hayan contratiempos
y se decidan a maniobrar nuestra obra,
la obra puesta por Dios que está sujeta por los siglos,
nos caeremos y nos levantaremos aunque la tierra tiemble
seguiremos fuertes aunque nos traten de robar el alma,
nuestro silencio se rompe en el grito de consuelo,
Dios caminará entre nosotros dándonos esperanzas,
al mundo venceremos todos los obstáculos que se nos presenten.

Ω

Todo está ahí delante de nuestros ojos,
no hay que ir muy lejos para ver lo que pasa,
la vida nos va demostrando las maravillas creadas
en este mundo fascinante acoplándonos a los cambios que se generan
vamos rumbo hacia lo desconocido, hacia un lugar del cosmos
se mantiene el espíritu errante, ese espíritu lleno de luz y armonía
abraza el universo con su sabiduría,
el que traspasa las dimensiones acoplándose en esta tierra llena de contrastes,
donde cada persona tiene su personalidad
cada persona es único en su campo
Dios mantiene a cada uno su libre albedrío.

Ω

Nos queda mucho por recorrer
por caminar por estas sendas,
hay que andar bastantes tramos
para hallar lo que buscamos
porque la realidad se esconde,
es difícil manejar la situación
cuando hay bastantes contrastes en la vida,
uno no sabe cuál es su cometido
porque al haber tantas confusiones
uno ya no distingue lo bueno de lo malo
porque hurgan en lo más profundo de nuestra alma
los sentimientos ocultos
Estamos atrapados en este mundo en un pozo sin salida,
llevamos generaciones buscando el mismo significado,
mantener el alma y el espíritu en constantes vibraciones,
con el tiempo todo llegará y todo encajará en su sitio
y se andará a su tiempo,
todo lo que está oculto quedará descubierto,
tarde o temprano el mundo se liberará de las ataduras
porque está al caer el pequeño Ruiseñor
con Él el mundo se pondrá a sus pies.

Ω

¿Qué sucederá en el mundo con los tiempos que corren?
¿cómo poder levantarnos a la caída que se va agravando y va haciéndose mas grande?
porque nos están echando más peso encima
para que no podamos movernos
y así no poder justificar la trama
que con el paso del tiempo ha ido incrementándose,
todo se hallará porque la verdad saldrá a la luz
y se desatará la polémica
porque todo lleva sus tapujos
y quieren que el mundo ande a ciegas
y así poder manejarnos a su antojo,
cogiéndonos la revancha caeremos en su propio juego.

Ω

Dios está ahí a la vuelta esperando el día de su llegada,
Dios está apenado por las cosas que están sucediendo
porque no hemos hecho nada al respecto,
estamos dejando que este mundo se vaya a la deriva,
no hemos puesto atención a las cosas que se nos han demostrado,
ahora tenemos que resignarnos a las cosas que sucedan,
ahora tenemos que luchar con el fantasma que nos rodea,
ahora es toda oscura realidad,
todo será tropiezos, porque no ponemos atención a los hechos
a lo dicho del gran maestro del que lleva toda la información del cosmos,
Él que mantiene el órbita nuestro espacio,
Él es el que maneja el eje de la vida,
el que comparte con nosotros un ideal
a Él debemos escuchar su voz que se aclama nuevamente,
con el espíritu de Dios debemos mantenernos en pie como un soldado
porque vendrá con su escuadrón de ángeles a liberar a los hombres nuevamente
trazando una meta trazaremos nuestra libertad que ansiamos de nuevo.

Ω

El mundo no sería mundo si no hubiera un libertador,
ese libertador nos da la liberación que necesitamos,
Él se liberó por todos nosotros,
esa cruz, esa muerte y resurrección
con su amor floreció el espíritu de Dios,
con Él mantiene la palabra de Dios,
esa carne ese verbo se manifestó delante del mundo
acoplando la sabiduría y la inteligencia
mora la presencia de Dios,
sus cánticos y alabanzas llegan al corazón
porque Él es el legítimo Rey de Reyes,
el soberano del mundo,
Él traspasó las murallas de un continente a otro
para dar muestras de su amor
transmitiendo las energías cósmicas da comienzo la civilización.

Ω

Todo está por llegar y se transformará todo aquello que está oculto,
será descubierto un mundo más allá del nuestro
se alzará de nuevo transmitiendo los conocimientos,
todo aquello que está por llegar hacia un nuevo mundo,
hacia lejanas tierras de oriente a poniente,
se trazará una línea entre el bien y el mal,
se cruzarán las palabras verbal y escritas,
todo tiene que estar en perfecta armonía con la vida
para transformar nuestro ser en espíritu,
hay que levantar nuestras vibraciones
para mantener equilibrado el mundo
y obtener todo aquello por lo que se vive y por lo que se anhela.

Ω

Apretar el ciño porque los tiempos que corren serán negros,
los tiempos han cambiado y están acechando todo el perímetro de la tierra,
todo está llegando a un punto porque la tierra está demostrando su poder,
la tierra es un mar de peligros y están surgiendo desde las entrañas de la tierra
calentándose está a punto de explotar la ira de satanás,
comenzando está y el zumbido de la tierra se notará
bajo nuestros pies retumbará el soneto de los muertos
y el grito despertará los corazones dormidos.

Ω

El mundo ya no es lo que es,
de un tiempo para acá ha cambiado todo
y nos está desafiando y nos está demostrando las fuerzas
con las que se sostiene,
el agua, el viento, el fuego y la tierra rugirán en el espacio,
indefensos estaremos a todos los contratiempos,
hay que buscar la manera de contrarrestar el ataque,
hay que maniobrar y dar sentido a la vida,
hay que mostrarle al mundo que somos capaces de levantar las vibraciones
y que en esta tierra se mantenga por los siglos
porque la cuna que nos mece lentamente se va agotando
porque lo único que estamos haciendo es que este mundo desaparezca
delante de nuestros ojos y con él nuestras vidas,
hay que dejar que la tierra siga su curso y siga orbitando
es lo único que tenemos y lo único que hallaremos mientras que existamos.

Ω

El camino lo dicta uno, y uno sabe por donde ir,
uno marca su destino que ha de recorrer,
por este mundo ha de marcar los pasos para el inicio del más allá,
debe hallar los motivos para la eternidad.
El camino nace de tu interior acopla-lo a la vida,
hay una vida pendiente después de la muerte
por el sendero de Dios permaneceremos en otra estancia
acoplada a la nueva vida y al nuevo orden
constituyendo el eslabón perdido mantendremos nuestro corazón unido al Padre.

Ω

Al Padre voy y del Padre vengo,
Dios me postró en esta tierra a la merced de todos
para encuadrar el sistema, hoy las cosas están desajustadas,
hay un quita y afloja, y se está desequilibrando nuestro cuerpo
no hay una estabilidad que estabilice el orden
porque todo va a contra reloj, la hora punta está al caer
porque el tiempo marca nuestro destino,
un destino impropio de nosotros porque no actuamos correctamente
y quedamos atrapados en nuestro mundo
donde Dios nos da la oportunidad de ser libres
de las pesadillas que nos acarrea la vida
manteniendo en la posición del cosmos
mantendremos nuestro espíritu a la merced del Padre

Ω

Tú que te proyectas en el cosmos mantienes intacto el firmamento,
Tú que arropas el espacio mantienes en órbita los planetas,
Tú que con tu amor abrazas al mundo para que se conecte a tu espíritu
dichosos hemos de estar al tener un guardián de nuestras vidas
porque Tú eres nuestra inspiración que alumbra nuestros corazones,
la luz que en Ti resplandece déjala alumbrar eternamente
para hallar el camino de vuelta de donde pertenecemos,
ese punto tridimensional que recorre todo el cosmos del todo poderoso,
el que efectúa todos los movimientos estelares.

Ω

Todo esto nos está ocasionando grandes problemas
y grandes consecuencias, ahora es cuando se destapa todo,
ahora es cuando uno se da cuenta de la falsedad que hay en el mundo,
ahora es cuando uno tiene que reflexionar y amoldarse a las consecuencias,
lo mires por donde lo mires, ¿qué es lo que se ha manifestado en este mudo
que ha dejado una brecha que perjudica a todos?
hay que subsanar esas heridas que han quedado al descubierto,
¿cómo hay que mirar al mundo?, con la tristeza en los ojos
porque no es hoy, sino el mañana,
¿qué nos espera del futuro?
porque ahora es oscuro, mañana ni te lo cuento
porque según va pasando el tiempo así será el desafío.

Ω

Todo sucede en tu entorno,
todo lo que está a tu alrededor también te afecta
porque hay una conexión entre las personas
y tú buscas la manera de que cuadremos en la vida
porque no es fácil mantenerse en pie
sino tienes donde acoplarte,
el mundo no se hizo solo, sino con la voluntad del Padre
así que salid a fuera y sed fuertes
como el mundo se sostiene con la gravedad
y nosotros con mayor motivo porque somos engendrados con la composición del Padre
y somos a su imagen y semejanza,
así que este mundo es parcial
y nosotros hemos de elevarnos al cielo de nuevo
hacia el universo que nos aguarda
así que salid afuera y enfrentaros a la vida
por nuestros ideales.

Ω

En tus manos está que la tierra siga su curso
que se mantenga en órbita por los siglos
porque en esta tierra nos postraron
para ir creciendo alma y espíritu,
la senda de la vida, el amor perpetuo,
la sabiduría y la inteligencia hace que las vidas se engrandezcan
de ese amor que traspasa las dimensiones
y llega a nosotros con los corazones, con las fuerzas de un ciclón,
en esta tierra se venera el santísimo corazón.

Ω

La imagen de Dios se refleja en ti
porque tu representas todo lo que Él es,
en tus salmos y alabanzas vas demostrando el amor que en Él habita
y constituye la vida por siempre.

Ω

¿Qué pasará de aquí en adelante?
porque en todo lo que ha habido han habido obstáculos,
hemos estado aprendiendo con los azotes
que nos han ido dando uno tras otro y no escarmentamos,
la vida no es un juego, hay que ser mas conscientes de nuestros actos,
la vida sólo nos da una oportunidad
y hay que ahondar en lo mas profundo de nuestra alma,
hay que liberar lo que nuestro cuerpo ha generado
limpiar las impurezas que con los años se han ido incrementando
por dentro como sombra lleva el diablo.

Ω

Todo lo que hay en este mundo es obra de un maestro,
Él trazó el universo y lo pobló de estrellas,
Él maneja el universo según su espacio,
Él maneja el eje del movimiento cósmico
siendo Él la válvula del mundo gira todo en su entorno,
Él es el principal movimiento donde se plantea la vida,
Él siendo la vida, en la vida nos engrandecemos
porque grande es su obra y perdura por los siglos.

Ω

Sin ti la vida no tendría sentido,
Tú has llenado mi corazón de ese amor inmaculado,
Tú estás ahí en mis pensamientos día y noche sin descanso,
abrazaría tu espíritu si pudiera tocarlo,
ese espíritu que me tiene embrujada
y que me hace sentirme libre,
no tiene palabra para definir lo que siento.

Ω

Todo lo que somos es parte del universo,
todo fue creado y engendrado por el ser que nos dio la vida,
ese ser que habita en nosotros llena de gracia nuestro espíritu,
por Él se da la vida, por Él nos manifestamos,
por Él la vida continua por el amor a sus hijos,
Él espera de nosotros que seamos santificados
para ver la gloria venir y ser elevados al cielo,
Él constituye la vida en otro plano,
el mundo es otro mundo lleno de gracia,
está esperando que regresemos de nuevo a su morada.

Ω

Mi corazón llora tu ausencia
por ese amor que cultivó mi alma,
ese amor lleno de espíritu
quiere volver al lecho de su existencia
y poder abrazar el espíritu que la envuelve esa sensación de júbilo
compartiendo con el Espíritu Santo, Dios le venera por Él y por siempre
cautivando su alma dormida.

Ω

Esposo de mi alma, luz de mi vida
cautivas mi espíritu y compartes conmigo el amor divino,
esposo del cielo y de la tierra
anhelan mis sentimientos
porque guardo en mi corazón el amor perpetuo,
yo digna de ti comparto las emociones
que en mi se reflejan, el amor cautivo,
Tú con tu amor mantienes los sentimientos mas puros
y llegan a mis entrañas convertidos en versos,
sólo Tú eres el guardián de mi vida, de mi alma y de mis sueños
deja que descanse en ti para despertar de nuevo
con otro semblante lleno de espíritu para alcanzar la gloria.

Ω

Estamos atrapados e indefensos,
no tenemos armas para defendernos,
no tenemos un lugar para el descanso
y vamos con tensión todo el tiempo
porque en este mundo se ha generado de la noche a la mañana el sobresalto,
¿quién lo iba a decir que este mundo iba a dar un cambio?
un cambio que nos afecta a todos
que ha echado por tierra todos nuestros sueños
y nos van arrebatando la vida sin un aviso previo.
La ignorancia nos conmueve a todos,
tenemos que avispar-nos más,
hay que demostrar al mundo que no nos dejaremos engañar,
por nada del mundo no nos acobardarán,
ya pueden caer rayos y truenos
que ni eso nos inmutará.

Ω

Abrid los ojos al mundo para que vean las cosas con claridad
que ya va siendo hora de que todo se ponga en su lugar,
cada cosa en su sitio que es donde deberían estar,
poneros en pie y mostrad al mundo que sois capaces de todo,
nadie debería manejar nuestras vidas,
os corresponde a vosotros decidir por ella
vosotros os mostráis tal y como sois que todo vendrá por añadidura.

Ω

¿Qué está sucediendo que aún no hemos levantado la cabeza y aún estamos en shock?
¿cuánto tiempo tenemos que estar con esta pesadilla que nos está llevando al caos?
porque todo esto se nos está yendo de las manos porque no podemos controlarlo,
sólo el tiempo decidirá una cosa u otra
de momento tenemos que aguantar todo lo que se nos eche encima,
no tenemos mas remedio que resignarnos y llevar las manos a la cabeza,
no somos libres de nuestros actos porque al final lo controlan todo,
se adueñan de uno como si fuésemos de su propiedad,
nadie es dueño de otro y nacemos con nuestra libertad,
dejad que el rio llegue a su cauce
que es lo más apropiado y no desviemos la vista a otro lado
no se resolverá nada, todo lo que hará es que esto aumente más su estrategia.

Ω

vamos de aquí para allá como zombis, nos están quitando el oxígeno que respiramos,
se está contaminando la atmósfera y nuestro cuerpo arrastrando todo,
nuestro cuerpo no puede combatir todo lo que se está produciendo
porque no hay manera de que esto vaya a solucionarse,
llevamos mucho tiempo arrastrando las pesadillas de un infierno
y ahora nos quieren poner los grilletes de nuestro silencio.
¿Qué somos en realidad personas o objetos desechables?
porque en esta vida ya no se entiende nada
porque unos tiran y aflojan y al final se rompen las ligaduras de nuestros ancestro.

Ω

¿Qué nos espera en el futuro
que ya se está viendo el inicio de lo que será?
nos lo están poniendo en bandeja para que nos demos cuenta de como funcionará,
nada bueno esto traerá porque los que cogen las riendas no nos dejarán escapar,
muchas teorías hay en el mundo y todas a cuál peor,
¿dónde hemos caído al confiar en los demás?
somos ratas de laboratorio,
una vez más seremos esclavos de por vida sino despertamos ya.

Ω

No hay que dejar que el mundo caiga en sus manos
porque estamos perdidos para siempre
porque eso es lo que quieren para maniobrar con nuestro cuerpo,
el destino de la vida depende de unos cuantos
que han cogido la revancha para hacerse dueños de nosotros,
marcaremos un destino, lucharemos por nuestra vida
por la que en ella estamos,
no nos dejaremos engatusar por lo que digan los demás,
alzad la bandera de nuestra libertad
estamos en esta vida para encontrar la paz.

Ω

Sólo Dios sabe el sacrificio que hemos de hacer,
está llegando el tiempo de la cosecha,
nos están planteando la sacudida de un volcán,
irá arrastrando a su paso todo lo que encontrará
y no habrá piedad alguna porque tendrán sangre fría en sus venas,
la tierra está corrompida y la vida peligrando estará
con lo que nos encontraremos en la vida una vez más.

Ω

De la noche a la mañana todos hemos cambiado,
la vida nos ha dado un vuelco y ya no somos lo que eramos,
nos han puesto una barrera y nos han impedido el paso,
no somos libres y estamos perdiendo todo contacto
ya no se fía uno de nadie, las mentiras y los engaños
¿quién se ha infiltrado en nuestras vidas?
en general lo que más valor tiene
es lo que por esencia Dios nos ha dado.

Ω

Llegará el tiempo en el que nadie nos manipulará
porque nos estamos dando cuenta de que todo es una patraña,
juegan con nosotros, con nuestras vidas a vida o muerte
por eso no nos detendrá hay un dicho en la vida,
ojo por ojo y diente por diente
tarde o temprano se identificarán
nada quedará a sabiendas.

Ω

Dios está ahí aguardándonos,
Él nos observa día y noche sin descanso,
Él está apenado por las cosas que están sucediendo
sabe que estamos indefensos y nos llevan con vara de hierro,
no podemos hacer ni deshacer al llevar ellos el control,
no podemos dar un paso más de la cuenta nos pararán en seco,
somos víctimas del enredo que ellos han impuesto con conveniencia suya
y llevarán el control de la vida a su antojo.

Ω

El comienzo será el final de una larga espera,
todo tiene su peso y su contratiempo,
la distancia de un tiempo a otro va cambiando el destino
que va marcando las huellas a cada paso que vamos dando,
esas huellas llevan las heridas del calvario
que dejó el reguero de su sangre postrada sobre la tierra,
ese camino dará vida de nuevo al comienzo
porque nacerá de nosotros el espíritu envuelto en sabiduría.

Ω

Tú eres la vida, nosotros el despertar
de esas emociones que el alma da,
Tú nos transmites seguridad,
nos llevas a transformar nuestras vidas
por otras vías que atravesarán el plano astral,
Tú eres nuestra voz del alma
la que apacigua nuestra sed,
la que nos da potencial para emprender en la vida
en otro lugar del firmamento que nos aguarda sin cesar,
el recodo de las almas ser vida, ser espíritu para de nuevo comenzar
con un nuevo dialecto con la palabra divina,
ser la luz que emana de la fuente viva.

Ω

Tú eres la fuente de nuestro alimento,
Tú eres el agua que apacigua nuestra sed,
Tú eres el corazón del alma
donde la fuerza está en ti
ese poder mana de Dios,
ese poder es digno de merecer
nos acompaña siempre dentro de nuestros corazones.

Ω

Esa fuente de luz que ilumina el firmamento,
esas energías que atraviesan el cosmos,
esos rayos de luz penetrando en el espacio
ahondan en lo mas profundo de la tierra
dándole las energías para que prospere la raíz y el tallo
y las hojas donde florece el árbol de la vida del conocimiento divino
y aportando así al mundo las maravillas creadas.

Ω

Dios muestra al mundo entero toda su creación,
nos postró sobre la tierra para prosperar,
nos enseñó sus pasos a seguir hacia la iluminación eterna.

Ω

El pasado queda atrás dejando un aroma tras de sí,
va floreciendo al compás mientras que el universo gira,
va penetrando en sus entrañas de la magia que se compone el universo
y fluye a través de las energías cósmicas

Ω

Tú estás en mi y en mis pensamientos,
Tú estás ahí a cada instante de mi vida,
Tú estás ahí flor de mi alma porque florecen en mi
las energías que rodean mi espíritu.

Ω

Tenemos que aprender del lenguaje de la vida
de las matemáticas, física y química
y convertirla en poesía para darle un nuevo perfil
por lo que el universo se compone
de salmos y alabanzas de los cánticos celestiales
aclamando así al nuevo día que retumbarán en los cielos las aleluyas del universo.

Ω

Estamos aquí en este espacio infinito
esperando el día de grandes acontecimientos,
estamos aquí a la espera de que haya un rayo de luz de esperanza,
ese día que se rompan todos los esquemas
porque ese día nacerá un nuevo comienzo,
un nuevo rumbo hacia lo desconocido
manteniendo la estabilidad acoplándonos al cosmos.

Ω

El Rey del cielo y de la tierra,
el Rey de todos los ejércitos
permanecerá de nuevo en la tierra
porque nada hemos avanzado y seguimos como antaño,
Dios está apenado porque no aprendemos nada de su existencia
mientras que permanecemos en este mundo le hemos dado la espalda.
¿cómo enmendar nuestros errores antes de que sea tarde,
antes de que empiece el ciclo de los grandes acontecimientos?
porque la tierra se movilizará y nadie podrá detenerlo
porque está el cruce entre el bien y el mal de dos polos opuestos
que jamás se juntarán,
el destino de la vida sólo Dios lo sabe,
sólo Él proveerá, pero si podemos hacer un pensamiento
para que Dios nos salve de las catástrofes de esta tierra.

Ω

Tu llegada nos conmoverá a todos,
estamos esperando el inicio de una nueva era,
un nuevo camino, un nuevo comienzo,
una nueva vida, un nuevo reino
marcará el destino de una nueva historia,
la transformación de nuestro ser con el espíritu
marcarán una etapa en nuestras vidas
con la nueva renovación,
alma y espíritu vida es eternamente.

Ω

Estamos en una batalla constantemente con el cuerpo y el espíritu
unidos por un solo patrón
los dos moran del espíritu de Dios,
los dos establecen una línea vertical con la unión con Dios,
los dos moran en su presencia,
los dos marcarán una etapa que se transformará en energía cósmica,
los dos unidos al poder de Dios manifiestan nuestro ser.
Dios establece con nosotros su Santa fe,
la fe que espera de cada uno
es una batalla que debemos conseguir
con amor, fe y esperanza alcanzaremos su gloria.

Ω

¿Qué nos espera de aquí en adelante porque las cosas ya no pintan bien?
todo esto nos está llevando a la desesperación,
¿qué será de nosotros cuando el mundo esté en tinieblas?
cuando la verdad oculta está y el mundo nos está acechando
vendrán tiempos de guerra, tiempo que no se cosechará,
tiempo que no se madurará porque se perderá la emoción del tiempo,
atrapados en este mundo por nuestra torpeza
debemos demostrar al mundo entero la verdad de nuestra existencia.

Ω

Tú eres el que eres la luz del universo que fluye a través de Ti las energías cósmicas,
Tú que con tu amor ahondas en los corazones de las personas,
Tú que mantienes intacto los planetas y las constelaciones
mana de Ti el agua pura,
vas purificando las almas y bendiciendo a los hombres
porque Tú eres el salvador de todo lo que habita en el cosmos
porque de Ti mana la vida y en la vida nos mantendremos todos unidos a tu voluntad.
Ω

Se acerca el tiempo de lo que está previsto,
un tiempo que se agota, un tiempo que llega a su fin
porque el tiempo corre y el tiempo vuela más rápido de lo que pensamos,
se nos echa el tiempo encima,
hay que abreviar para que no nos coja desprevenidos,
hay que tener nuestra posición a la caída del alba hasta el amanecer de la aurora.

Ω

Se nos está agotando la paciencia porque el mundo ya no es lo que era,
hemos perdido la confianza y la amistad mutua,
¿qué mundo es en el que vivimos que cambiamos de parecer de la noche a la mañana?
todos son mentiras y engaños y no hay una verdad donde podamos acoplar nuestras ideas,
nos están robando nuestra personalidad poco a poco,
nos están robando la libertad,
ya no podemos dar un paso más sin que lo sepan los demás,
estamos enjaulados en nuestro propio mundo donde podíamos volar
pero nos han cortado las alas y es difícil volar hacia nuestra imaginación,
ya no se puede hacer esto ni aquello y ha de ser controlado sin nuestro consentimiento.

Ω

El mundo nos está cambiando, son otros tiempos donde la magia ya no existe,
hay que ser consciente de que este mundo va rodando y nosotros con él,
si la tierra cae caeremos todos
porque todos estamos en la misma fase de ese universo que vemos,
la tierra nos acoge y nos arropa pero también nos duerme,
¿por qué no vivir en armonía el tiempo de vida que nos queda?
¿por qué no hallar esa estabilidad que estabilice el orden del universo y la tierra?
¿qué hacer cuando estemos en tinieblas y no tengamos escapatoria?
hay que unir las fuerzas con las energías cósmicas.

Ω

Busco pero no puedo hallar lo que ando buscando,
se ha perdido en el tiempo como todas las cosas,
he buscado sin descanso sin dar con ello,
no hay respuestas, están por dentro
y según como uno se halle así se reflejan los ánimos,
miro y observo y siento un vacío dentro de mi de como veo el mundo,
una soledad absoluta inundando nuestro espacio,
se han perdido la lógica de la vida y los sentimientos puros
porque el amor que guarda mi alma llora mi corazón por dentro
de ver al mundo en la posición que estamos.

Ω

Hemos dejado entrar la sombra que atraviesa el cosmos,
hemos dejado que se asiente en ella
sabiendo que nos perjudicará y que no hará nada por esta tierra,
él lleva el dolor y la venganza, él no es digno de esta tierra y del infinito,
el que obra mal por su cuenta malgasta su tiempo,
él se sobrepasó de los límites que están prohibidos por Dios,
fingió la ley dictada por el supremo
y ahora en este mundo trata de robarnos a todos con su codicia
arrastrándonos a su terreno
y no parará hasta que lo consiga aunque tarde toda la vida,
él tiene todo el tiempo del mundo
juega con los mas débiles para atraer a la multitud a su guarida
por el odio y la rabia y la envidia que nos tiene,
él no parará hasta lograrlo,
él sabe todas las hazañas para conseguirlo.

Ω

Él no sabe que tiene un contrincante y hará lo posible para que no lo consiga
porque ella es astuta y marca los pasos y recapacita todos sus actos,
la que romperá el silencio de la verdad oculta que está en esta tierra
hasta ser escuchada de nuevo bajo la potestad divina,
ella ahuyentará los malos espíritus y traerá luz de nuevo a la vida,
ella no se dejará manejar por el destructor del mundo
ya va siendo hora de que este mundo vea el resplandor de la aurora.

Ω

Todo tiene un comienzo hasta la vida propia,
todo tiene un lenguaje y la palabra,
todo lo define un sólo hombre y sólo el amor de Dios ahonda en nuestros corazones.

Ω

Eres la llama que encendió nuestro espíritu,
eres la fuente donde prospera todo,
eres el manantial de la vida y de la muerte,
eres el espiral de la sabiduría y conocimientos,
Él es el que es, el divino poder de la gloria que lo manifiesta.

Ω

Tú que perduras por los siglos y caminas por los senderos de la vida,
Tú que eres todo poderoso ampáranos día y noche de la tiranía de este mundo,
Tú que con tu amor rompes las barreras del sonido
haz que nuestras vidas bailen al son de jubilo.

Ω

¿Qué es lo que está pasando que la vida nos la están robando?
se nos va de las manos y no podemos sujetarla,
no hay tiempo que perder hay que abreviar,
no podemos parar hay que buscar una salida
hay que ingeniarnos-las de alguna manera,
según como aparece así tiene que deshacerse
porque dos cuerpos se juntan y al final explotan porque son incompatibles,
el mundo nos está demostrando la otra faceta, la otra cara de la moneda,
el mundo no es lo que se pensaba, juega otra carta que aún está por empezar,
el mundo nos tiene en vilo, nada bueno de esto saldrá
porque siempre quedarán las secuelas de este mundo infernal.

Ω

Huir, ¿hacia a dónde?, hacia ningún lugar,
en todos te atraparán.
El mundo va girando y no se detiene
cambiará de estaciones y nosotros adaptándonos a él,
es difícil mantener el timón
cuando no se es de este mundo,
somos prisioneros de nuestra vida y nuestros sueños
y el alma y el espíritu viajan en el tiempo
y el cuerpo se mantendrá unido a la tierra por siempre.

Ω

Tú que lo ves todo sacanos de dudas,
muéstrame para que yo pueda defenderme,
para no tener equivocaciones
y pueda estar al mismo nivel y a la misma altura,
que no me vean débil y sin fuerzas
para que mi cuerpo no flaquee
cuando todo esto esté resuelto
y no se pueda maniobrar
porque todo lo echarán por tierra
porque este mundo no verá al comienzo de un nuevo día del solsticio.

Ω

¿En quién confiar?, porque hoy en día es difícil,
hoy se desconfía de todo porque no se demuestra otra cosa
somos extraños en nuestro propio mundo,
no nos conocemos en absoluto
hemos cambiado o nos han cambiado,
los hechos de la vida nos lo van demostrando,
estamos aislados unos de otros
poco a poco se van haciendo con nosotros.
El mundo que conocemos hoy en día está quedándose en el pasado,
un pasado que no volverá a ver la luz de nuevo,
han sido tiempos de gloria y tiempos de fertilidad
y de aquí en adelante que rumbo nos esperará,
se van juntando las energías entre el bien y el mal,
se andará el camino de zarzas y espinos
y nos salpicarán de nuevo como en todas las épocas
corremos el riesgo de ser abatidos.
¿En quién confiar?, en el que tiende su mano y no la soltará,
el que alimenta nuestra vida, nuestra alma y nuestro ser
en quien en verdad es un amigo de verdad, el amigo del alma.

Ω

Soy el guardián de tu alma y de tu espíritu
del cielo y de la tierra,
soy el que soy, en Él confías
porque llevas dentro de ti la salvia y el elixir de la vida,
en el que se proyecta en la tierra en cuerpo y alma, el verbo de Dios.
Su palabra cobra sentido, a través de ti comienza todo
desde el principio y el fin de un nuevo comienzo,
de una nueva era que alumbrarán todos los cielos,
a través de Ti todo tiene sentido arropando el infinito moras en el cielo.

Ω

La verdad nace de Ti porque Tú eres esa verdad,
la verdad que arranca el corazón fluye a través de Ti ese amor,
el amor que atraviesa el alma es digno de adoración,
penetra en las entrañas implorando a Dios

Ω

El cielo y la tierra se unirán por una línea vertical
uniéndolas entre sí las dos se acoplarán al espacio,
las dos moran en el universo
y las dos se mantienen firmes por los siglos,
las dos se conectan al cosmos
y habitando en el espacio, cielo y tierra
el universo perfecto se acopla al espacio infinito alrededor del cosmos.

Ω

Se fue el espíritu errante traspasando el umbral de un mundo a otro,
dejaste este mundo para unirte al espacio,
volaste hacia las alturas donde Dios te aguarda
donde Dios te acoge bajo su morada,
el espíritu del alma, ya eres libre de nuevo.

Ω

Nada se ha de temer este mundo es lo que es
y seguirá siendo igual, nadie lo cambiará todo vuelve a su normalidad,
este mundo se genera solo y por los siglos así lo demuestra en las épocas pasadas,
este mundo es el soporte de cuanto en él se proyectan.

Ω

Echaste tus raíces y distes vida
de ella se formó el circulo de unión,
permaneciste unido a la voluntad de Dios
ahora vuelves a tus raíces donde te creo.

Ω

Dios mora en ti, Dios te ha dado el espacio infinito
al traspasar de un mundo a otro moras con Cristo.

Ω

Duerme que el espíritu de Dios te aguarda
hasta la resurrección de los muertos,
duerme para el inicio de un nuevo día que se despertará de un sueño profundo
para el despertar de la aurora,
duerme hasta que retumbe el universo con el rayo y el trueno
y con los destellos de luz alumbrando en el firmamento,
duerme para el descanso eterno
hasta que decida por nosotros
permaneceréis dormidos en esta tierra
porque en esta tierra se venera al Espíritu Santo.

Ω

¿Qué somos en realidad?, ¿qué parte de este mundo no entendemos?
¿por qué nos cuesta entender las cosas?
¿por qué se guardan tantos misterios
o hay algo más que ignoramos y no puede ser sabido?
porque este mundo perdería su encanto al conocer la verdad oculta
puede dañarnos nuestra sensibilidad
perdiendo nuestros sentidos
porque esta vida va más allá de lo vivido,
esta vida es la fase de todo principio,
esta vida es la que abarca todas las generaciones.
Un nuevo comienzo hará un nuevo retiro más allá de los sueños
alcanzaremos nuestro futuro propio de un ser divino.

Ω

Llegaste a mi y ahora mi vida te pertenece a Ti,
Tú has abierto las puertas de mi alma y abrazas mi corazón dormido,
Tú que moras en mi deja volar mi espíritu hacia lo inalcanzable
hacia lo único visto, ojo de tigre
porque hay algo más por encima de todas las cosas,
es la magia que traspasa a uno los conocimientos divinos
porque lo que en verdad tiene sentido es traspasar la lógica de la vida,
es madurar con el tiempo y es deshacerse de los despojos,
transmitiendo la sabiduría llegaré a comprenderos,
no es fácil comprender este mundo cuando hay tantas decisiones.

Ω

Todo está ahí, sólo hay que buscar las piezas y encajar-las a la perfección
para que haya un equilibrio y un mantenimiento,
Dios es ese equilibrio y ese mantenimiento,
Dios une esas piezas y las ordena según su lugar,
Él las mantiene para que no estén defectuosas y se puedan manejar según su espacio
para que las piezas del puzzle estén en perfectas condiciones
para que el mundo gire alrededor del sol
todo tiene que estar en armonía con Dios.

Ω

Nos cierran las puertas, no hay un lugar donde se pueda ir
estamos atados e indefensos y controlando nuestra respiración
sintiendo un ahogo en nuestro pecho
van apoderándose de nuestro ser,
de alguna manera nos han cogido la cuesta
y no nos soltarán y ahora quieren la revancha,
¡pobre de nosotros que nos dejamos engatusar!
ellos saben por donde atajar nos
porque conocen bien la debilidad de los hombres.

Ω

El camino no es otro que el que uno da,
uno es el camino y es el que andará
por las sendas de este mundo Él caminará
al compás de sus pasos el creciendo irá,
irá aprendiendo en cada estación su evolución
y al final del camino es lo que hallará, sus conocimientos.
El camino es el aprendizaje diario donde uno va madurando y ejerciendo su sabiduría
al compás de sus pasos le va demostrando la vida
los componentes del universo.

Ω

Estamos solos y sin nadie para protegernos,
vivimos en este mundo donde hay maldad y odio,
hay que ir con los pies de plomo
para que nadie pueda quitarte lo que es tuyo por naturaleza,
hay que plantar cara a cara al prójimo porque el mundo se está descontrolándose
y llevándose de las manos todos nuestros esfuerzos
que con la vida hemos ido luchando y sacrificándonos por lo que tenemos,
una vida plena que se nos está esfumando,
día tras día, esto será un calvario
al no poner orden en la vida te lo van arrebatando.

Ω

No estamos solos alguien vigila por nosotros desde la cuna,
Él nos arropa y nos mece día y noche,
nos acompaña y controla nuestros pasos según vamos avanzando,
nosotros creciendo y nuestros conocimientos van aumentando día tras día,
no dejamos de sorprendernos, esta tierra es la universidad
donde se empieza de cero hasta completar el inicio de la sabiduría,
nos mantendremos firmes en esta tierra la que nos fortalece y nos da vida
para el retorno del más allá.

Ω

Tú y yo somos parte de este mundo
los dos viajamos en el tiempo,
Tú perduras por los siglos y yo una instancia en esta tierra,
Tú eres mi mano derecha y yo encantada de que te la ofrezca
porque contigo mi vida es lo más grande de mi alma,
me siento segura en este mundo extraño porque Tú estás conmigo en alma y espíritu
y yo gozando de tu sabiduría extrema
porque al venir de ti mi alma se eleva al cielo
compartiendo mundos paralelos el amor nos une por entero

Ω

Hoy nos dicen una cosa, mañana otra
¿cuándo parará todo esto?
nos llevan de aquí para allá
ni ellos están seguros,
hoy está bien, mañana se descontrola todo
y vuelta a empezar de cero
y así sabe Dios hasta cuando podemos tirarnos,
toda la vida sin ningún resultado.

Ω

En este mundo sólo vamos dando tumbos,
no pensamos bien o no actuamos correctamente
o es que las cosas nos salen mal.
En verdad esto es un problema para solucionarlo
hay que ponerse todos de acuerdo pero eso es imposible
porque unos aprietan y otros aflojan
porque no hay alineación exacta
y la balanza va de un lado a otro
una veces sube y otras baja pero nunca se queda equilibrada.

Ω

El día del mañana ¿qué nos pasará?, estamos abatidos y cansados
nos están echando tierra encima porque esto no hay quien lo aguante,
nos estamos quedando sin provisiones y se está alargando más de la cuenta,
¿qué nos pasará en el futuro?, no ser dueño de uno
la libertad que teníamos se ha esfumado
y ahora estaremos a la merced de los que controlan el mundo,
la fuerza no hace el poder, y el poder hace la fuerza,
sólo con la verdad hace al hombre libre.
Libres somos todos pero no vemos la libertad que el pueblo tiene,
nos manejan a su antojo como prisioneros suyos, lastiman este mundo,
sería un mundo mágico si nos hubiéramos adaptado a Él
pero hay contratiempos que nos lo impiden,
en épocas pasadas y en épocas venideras
nada cambiará sólo el destino aguarda.

Ω

En cada época surge algo nuevo e inesperado,
este mundo no lo controlamos nosotros
pero nos lo controlan de alguna forma,
estamos vigilados, ¿por quién?
el mundo es muy grande y da cabida para todos
cualquiera puede ser, quien mueve los hilos lo mueve todo.
En la vida no hay que correr sino actuar sabiamente,
tu vida es tuya hazlo saber porque el que maneja tu vida
está por encima de él y de todo el mundo,
no hay que ponerse medallas para controlar el mundo
hay que conocer los hechos de antemano,
y llevar el catastro para que todo vaya bien, no hay que dejar las riendas sueltas
en esta vida hay que tener paciencia porque no es fácil vivir en ella,
no hay que alterar el ecosistema y es lo que está sucediendo
poner el mundo patas arriba y que se descontrole todo.

Ω

Todo tiene vida y todo está en su espacio y todo ronda en el firmamento,
todo está conectado a las energías cósmicas,
esas energías de luz que penetran en lo mas profundo de nuestro ser
mora el espíritu de Dios, ese espíritu de vida que dio vida al cosmos
y penetra en nuestros corazones con los cánticos y alabanzas
del cantar de los cantares que Dios compuso para los hombres en su día,
para estar conectados y podamos morar en su presencia.

Ω

Ya no es lo que era este mundo, está perdiendo su encanto,
estamos destruyendo el planeta y lo que en él existe,
no valoramos lo que hay y lo que tenemos
porque estamos perdiendo los valores con los que se nace,
hemos dado un giro a la inversa y eso consecuencias traerá,
el mundo que nos sostenía se está debilitando
por falta de oxígeno y energías que mueven el mundo
por los errores del pasado y del presente nos están afectando,
¿qué mundo nos espera?, mejor ni pensarlo
porque los que mueven los hilos manejan todo el perímetro de la tierra.

Ω

Echad agallas y enfrentaros a lo que está sucediendo,
no hay que dejar que nos manipulen, esta tierra es de todos
y de todos los que en ella nacen,
esta tierra es del universo y no debemos alterar sus movimientos,
dejad que florezca la raíz y el tallo y la salvia de la que este mundo se puebla
con el aroma de la vida.

Ω

Toda la vida buscando y hasta hoy no me he dado cuenta,
después de haber pasado tanto tiempo la vida me lo va demostrando
paso a paso, a cada fragmento de mi época se va construyendo cada peldaño,
con los hechos concurridos me voy adaptando.
La vida no deja de sorprenderme a cada minuto y segundo de ella,
la vida cambia va dejando un sabor amargo en cada época,
no puedo construir mi historia, es la historia de todos
la que todos narramos nuestra vida,
en la que todos estamos vinculados,
esa tierra y ese cielo déjanos que prosperemos.

Ω

Muchas leguas se han recorrido por el mundo,
muchos tropiezos y caídas nos hemos dado y de todas nos hemos levantado
y con esta nos está costando,
de está no hay que fiarse lo mismo sube que baja
no hay manera de que se asiente y nos está costando la vida,
nos están llevando al precipicio a causa del mal planteamiento,
no nos matará el virus pero si la economía,
el mundo estará en pie de guardia al llevarnos a la ruina,
el mundo que conocemos ya no queda nada de él
porque está bien estudiado con puntos y comas.

Ω

El despertar del mañana todo haya sido un sueño,
lo que está sucediendo no tiene palabras
sólo los hechos bastan,
sólo ha sido una estrategia para poder manipularnos,
somos esclavos de por vida aunque se vaya evolucionando,
no nos dejarán y ni a son ni a sombra porque no les importamos,
no hay sentimiento alguno y juegan con nuestras vidas para su beneficio,
alguien tiene que pararlo, quien mejor que el pueblo
que acarrea con las consecuencias, ¡lástima! nos están tirando por tierra
de alguna forma nos están alejando de todo lo que nos rodea.

Ω

Tú palabra no tiene fin, llega a todo el mundo con sentimientos puros,
tu palabra llega a los corazones con mas pasión que nunca,
se abraza a nuestro ser y no se despega como un imán
se funde en nuestras venas va llenándose de luz como destellos hay en el cielo.

Ω

En estos tiempos que corren necesitamos mas de ti,
necesitamos tu presencia y que nos comprendas,
necesitamos un empujoncito para seguir hacia adelante
porque nos están quitando los valores con los que se nace,
nos están llevando a tiempos de oscuridad donde nada florece
sólo los espinos y las zarzas y las malas hierbas son las que abundan
en esta tierra de tinieblas,
es difícil ver la claridad, se apodera de uno,
manchan su cuerpo con el lodo de la tierra,
se infectarán, atraparán a uno e indefensos quedarán,
la angustia de ser tragados por el embrujo de satanás
donde ahonda en este mundo sin piedad.

Ω

¿Cuánto sufrimiento habrá en este mundo?
¿cuántas angustias?, ¿cuántas penas en el alma veremos
al paso que el tiempo va avanzando?
¿cuántas lágrimas derramaremos por la cuesta del calvario?
la cruz a cuestas se nos pondrá y los azotes nos irán dando,
nos irán cortando el aliento a fuerza de látigos,
una vida que se fue llena de vida
y otra que viene arrastrando,
ya no sé cuál será mejor o peor,
ya podemos prepararnos el comienzo de dolores ya ha empezado.

Ω

Agarraos fuerte la tormenta va a empezar
caerán rayos y truenos y el cielo se oscurecerá,
no se verá la luz del amanecer del alba,
el comienzo no se sabe cuanto tiempo permanecerá,
al no ver no vemos, sólo la malicia del mal
que traspasa la tierra sin piedad,
un mundo sostenible que se balanceará,
aprovechad ese tiempo que se os dará,
ese tiempo apremia a los hombres de este mundo.

Ω

El inicio de una realidad está por ver, nos hará temblar,
todo tiene un principio y un final,
todo llega a su debido tiempo
es una carta que hay que jugar,
una batalla que debemos superar con grandes sufrimientos,
en esta vida todo tiene su lógica,
en esta vida todo es el empezar.
Dura es la batalla que se nos presentará,
han habido tiempos peores pero esto no se quedará atrás,
en el mundo en el que vivimos nada deja prosperar,
tarde o temprano caerá la tormenta
y ya nadie lo parará hasta que no se vean los resultados
nada se podrá hacer, el mundo que nos espera acaba de empezar
serán los dolores del parto que anunciando está,
serán tiempos difíciles que debemos afrontar con la vida
y nos estamos dando cuenta de lo falso que es este mundo,
nos están robando nuestra libertad delante de nuestros ojos.

Ω

¿Dónde empieza?, ¿dónde acaba?
esto es una cadena que se alarga,
una cadena que nos se separa
está fundida con estaño, hierro y plomo
y así no habrá manera de que nada se suelte
pero el peso de la conciencia es muy grande y puede resquebrajarse,
nada de este mundo perdura y todo se oxida, al final todo queda libre
pero ¿a qué precio?, la libertad nos costará
pero todo tiene su recompensa si te mantienes activo,
si mantienes tu equilibrio en la posición correcta,
nadie podrá detenerte porque es el camino de la vida,
no hay ataduras, sólo nos las están imponiendo,
nos rasgarán nuestras vestiduras
pero el alma y el espíritu gozarán una vida plena.

Ω

El mundo nos está cambiando y todo está a la inversa
lo que ayer era blanco, hoy es todo lo contrario,
el mundo nos está enseñando la cara de la otra moneda,
uno no puede fiarse ni de su propia sombra,
no puedes fiarte porque desconfías de todo.
El mundo en que vivimos atrapa a uno
de una forma o de otra nos están quitando la libertad,
poco a poco se van haciendo con nosotros y con nuestra identidad,
perdidos estamos si no paramos la ola que se origina
quedándonos atrapados en nuestra iniquidad.

Ω

¡Buscad el sendero que lo hallaréis!
¡dejad vuestras huellas al caminar!
el inicio de la vida es el comenzar,
¡no os desviéis ni un tramo más!
dejad que vuestro espíritu guie vuestros pasos
él sabe por donde se va al encuentro con el más allá,
el camino será rebelado por los senderos que Dios recorrió
y marcó sus huellas a seguir por las sendas de este mundo
dejando su patrimonio la esencia del amor,
es el que engrandece al hombre con toda su plenitud,
las huellas que marcaron un antes y un después
ahonda en nuestro espíritu la bendición de Dios.

Ω

Hay que ser conscientes de lo que es pasajero,
este mundo no será como antes
hemos dejado entrar la bacteria y ahora es difícil que se vaya,
cuando se ha asentado ya no hay nadie que pueda detenerla,
cuando se aposenta en un lugar se agarra con fuerzas,
no podemos tirar de ella porque quedará penetrando sus raíces
hurgando y penetrando en lo más profundo de nuestra alma
llevándose nuestras vidas,
hay que suavizar las cosas y no alterar el sistema,
hay que ir con cuidado para que no dañen más de la cuenta,
hay que invertirlo a modo como el reloj marca las agujas a la inversa,
hay que buscar el origen donde se originó todo.

Ω

Pasa el tiempo y la vida sigue igual
seguimos en el mismo punto de mira,
no adelantamos pero tampoco retrocedemos
pero se queda ahí estancado haciendo de las suyas,
no hay manera de que esto se disipe,
esto está dañando nuestras vidas de alguna forma
y nos estamos aislando los unos de los otros por miedo a ser contagiados.
¿Qué mundo es el que nos sostiene
porque no hay sujeción que nos sujete?
porque estamos en un shock y no podemos salir de ello,
¿cuánto tiempo permaneceremos anclados en este puerto a ser liberados?
el tiempo pasa y nosotros cada vez mas contagiados,
el cuerpo debilitándose por los azotes que nos van dando
y el miedo se apodera de nosotros y a la larga
esto traerá consecuencias irremediables.

Ω

Narramos una historia, la nuestra en la que todos participamos
en la que todos somos ese granito de arena puesto en la tierra,
todos somos el conjunto en el que cada uno pone su sabiduría e inteligencia,
cada uno muestra lo que sabe en sus conocimientos
y abordamos la vida según los hechos
porque todo lo que hay en este mundo está trazado y medido meticulosamente,
somos el polvo que el camino lleva,
somos errantes por naturaleza,
somos esa espiga plantada en la tierra
y somos el arcoirís del universo
porque cada uno es libre en su campo y poblamos la tierra de rosas y pétalos
y la esencia de la vida está en todos nosotros.

Ω

¿Qué se puede esperar de la vida? nada podemos esperar
porque se está viendo venir los tiempos han cambiado y nosotros también,
en el mundo en el que vivimos ya no se puede uno fiar
lo que importa en esta vida es lo que pasará pero nada bueno de todo esto saldrá,
se está llevando a un extremo, no hay un lugar en este mundo donde nos podamos resguardar,
vendrán tiempos difíciles que tendremos que superar,
¡sed fuertes, no miréis atrás, es un tiempo que ya pasó!
pero dejan cicatrices que jamás se olvidarán.
En el mundo en que vivimos miedo nos da, mirad a vuestro alrededor
y os daréis cuenta que no es un juego de niños sino de adultos,
son los que plantean la vida, ¡mirad y observad con atención!
y nos daremos cuenta de que han tergiversado las cosas
si no abrimos los ojos jamás nos quitaremos la venda.

Ω

Labramos la tierra con nuestro sudor y lágrimas para poder mantenernos,
damos todo lo que somos para tener un pedacito de ella
en esta tierra en la que nos vio nacer y la que guarda todo nuestro ser,
en ella nos mantendremos firmes,
en ella constituiremos un imperio,
en ella forjamos nuestra vida
y echamos raíces para nuestras futuras generaciones.

Ω

El destino lo dictas tú mismo, tú mismo eres tu propio destino,
tú decides como llevarlo y como plantearlo,
las decisiones son tuyas,
tú eres el que actúa en tu propio campo
y los demás sólo te aconsejan
porque cada uno marca su destino.

Ω

Todo tiene su tiempo y su espacio
no debemos alterar las cosas,
todo tiene que estar equilibrado
para que todo funcione según el sistema,
cada paso que uno da que sea firme y seguro
no debes precipitarte porque hay todo el tiempo del mundo
por eso estamos en esta tierra para corregir los fallos
teniendo la capacidad e inteligencia
abarcando cada día el objetivo.

Ω

El mañana, ¿cómo será el mañana?
nadie se sabe, porque varia de una época a otra,
sólo el tiempo es el que va marcando el destino,
el tiempo nos favorece o nos desfavorece
según como hallamos afrontado la vida,
al haber contratiempos todo está indeciso,
nadie debe saber a lo que nos enfrentamos,
es un riesgo que debemos correr si el tiempo nos lo permite.

Ω

Mira, escucha y observa irás aprendiendo de la vida,
es un aprendizaje que se va aprendiendo diariamente
y vas obteniendo resultados a cada paso que das,
la magia del universo florece en ti
va mostrando una sabiduría y unos conocimientos que no conocías
y eso aportará a tu vida la esencia del más allá
porque el espíritu que la envuelve nace en ti y ese espíritu lleno de vida
quiere vivir eternamente.

Ω

Hoy en día la vida nos ha dado un vuelco y no se esperaba lo que está sucediendo,
estamos pasando por penurias y calamidades y aún esto no ha terminado,
lo peor está por llegar, cuando las cosas se empiecen con determinación
nos daremos cuenta que el mundo que nos rodea es lo que se esperaba,
no es un jardín de rosas, son espinas que se clavan en nuestro corazón
haciendo las heridas mas grandes a cada paso que uno da.
La tierra temblando está porque ha visto renacer la vida tantas veces
que ya no nos mantendremos en pie
porque van quedando secuelas de tantos años de peregrinar,
la vida es la que narra la historia.

Ω

Los tiempos están cambiando y nosotros al mismo compás,
aunque nos cueste adaptarnos y esforzarnos seguiremos adelante aunque nos pongan barreras,
logramos atravesarlas aunque la vida nos vaya en ello,
jamás nos rendiremos porque somos guerreros por naturaleza,
porque en todas las épocas se lucha por la libertad,
hay que adaptarnos a los tiempos y si te caes volverte a levantar tantas veces como sea necesaria
para demostrar que la vida es mucho más que vivirla,
hay que sacrificarse por ese ideal que llevamos dentro de nuestra alma.

Ω

Estamos en un punto que el mundo no se sostiene,
¿qué nos ha pasado que de la noche a la mañana? todo se ha ido de las manos,
ya no hay luz sólo la sombra que nos persigue allá donde vayamos,
las cosas han ido tan deprisa que sin darnos cuenta atrapados en nuestro propio mundo
nuestros sueños se han esfumado como si nada,
¿dónde está la realidad que nos robaron
y que en un instante nos cambió la vida de ser libres a ser esclavos?
nuestro tiempo ahora empieza a debilitarse, es el comienzo de lo no esperado.

Ω

Todo esto que está pasando no nos podemos imaginar que ocurriría,
pero pasó, ahora queda el inicio de lo que será,
ahora hay que esperar a que en los tiempos se descubra
pero nos está quedando un amargo sabor
porque no era lo que se esperaba en el mundo,
todo estaba bien y de la noche a la mañana la tormenta cayó,
mira si cayó que ahora al levantarse hay que volver a empezar
pero con el corazón roto
porque el mundo que se nos vino encima parte de nuestras vidas destruyó,
una parte de nuestro ser está por encima de todas las cosas,
este mundo jamás volverá a ser lo que fue,
un espíritu emprendedor,
hay cosas en la vida que no tienen explicación.
Si levantásemos la cabeza, miedo nos daría
al ver pasar todas las cosas que han sucedido a lo largo de la vida
¿qué mundo es el que nos esperará en el futuro?, dulce o amargo.

Ω

Buscad un sitio donde asentar los cimientos,
donde haya una base fuerte y que nada la pueda destruir,
levantad una muralla que nadie la pueda atravesar
porque el enemigo está al acecho esperando su oportunidad,
él se arrastra en la tierra desde la antigüedad
y no descansará hasta tener el objetivo,
cosa que es de esperar.

Ω

El mundo gira alrededor nuestro,
nos está dando la espalda por los cuatro costados,
nos están robando nuestra identidad
y no nos damos cuenta,
poco a poco se va infiltrando en nuestras vidas
y quitándonos nuestra personalidad,
en este mundo en el que vivimos nos estamos dejando engañar
de tal manera que no se ve el engaño fortuito.

Ω

Comienza una nueva etapa, un nuevo comienzo en la realidad,
estamos en un sueño profundo que no nos dejan despertar,
ahora conscientes de todo no se ve ya igual,
estamos en una burbuja a punto de explotar hacia la realidad envuelta en engaño.
¿En quién confiar si el miedo nos atormenta porque ya vemos lo que nos puede hacer?
el mundo ya no se sostiene bajo nuestros pies
porque estamos en la cuerda floja a punto de romperse.
Ω

El mundo en que vivimos es un baibén de movimientos constantes,
jamás nos adaptaremos a este mundo,
de la noche a la mañana todo cambia nuestra actitud
y nuestra forma de pensar,
el mundo nos está demostrando como ha sido y como será,
el destino de la vida en nuestras manos está
así que medita antes de actuar, un fallo y todo se descontrolará en la faz de la tierra,
sed conscientes de todo lo que pasa, lo único que tenemos en esta tierra es la vida
protege-la ante todo.

Ω

Nos están llevando al caos
esto no hay quien lo pare,
pasamos de un extremo a otro y esto es incontrolable,
ya estamos viendo los efectos que esto está ocasionando,
si esto no se para a su tiempo luego no os lamentéis.
Todo seguirá su curso y esperar a que pasen los efectos
y los destrozos que se acumularán por falta de medios y comunicación,
estamos perdiendo el norte.

Ω

Una nueva esperanza, un nuevo ser nace a la vida,
un nuevo espíritu se contemplará
la unión entre el cielo y la tierra y un mundo que está por empezar
con salmos y alabanzas, con aleluyas se cantarán.
El cantar de los cantares verá la luz de nuevo brillar,
la voz del Espíritu Santo se oirá en todo el mundo
porque es la palabra divina la que inspira su inspiración,
la que le da fuerzas para mantener viva la palabra,
la que dio sentido a la vida y con ella la creación,
es la palabra la que nos sostiene en pie,
la voz de la palabra la que nos hace estremecer el alma.

Ω

La vida es el despertar de la conciencia
de abrir el corazón al mundo,
la vida tal y como viene se va
y el espíritu errante al Padre.

Ω

Todos iniciamos una nueva vida más allá del cosmos
porque partimos de otro mundo,
la tierra nos acoge mediante nuestro crecimiento,
un tiempo donde se forja un destino más allá del cosmos
habita el poder del supremo.

Ω

Nada somos y nada seremos en esta tierra,
nadie es superior a otro, se nace y se muere y como vienes te vas,
desnudo y descalzo, entonces ¿por qué no buscamos la armonía del universo?
la paz interior que arranca nuestro cuerpo y va transformando nuestras vidas en espíritu,
la que fortalece nuestra alma que navega por el universo
transformándose en energía cósmica,
la que brilla eternamente bajo la potestad divina.

Ω

Estamos dormidos y nos despertarán
al inicio de una nueva vida al traspasar de un mundo a otro,
cuando hayamos concurrido la distancia en esta tierra
volvemos a ser espíritu porque somos espíritu que el alma lleva,
somos energía que atraviesa el cosmos,
somos todo aquello por lo que representa a sí mismo.
Yo soy aquel que se manifiesta en vosotros
y vosotros sois ese pedacito de mi alma.

Ω

Aunque no me veis sentís mi presencia dentro de vosotros,
Yo soy vuestra energía y esperanza
conmigo la tierra se equilibra
porque soy el guía que protege a su pueblo,
un pueblo que está abatido por el mal
y está haciendo estragos en el mundo,
Yo veo entre los gentiles, veo la pena en el alma,
veo como el mundo se está desmoronando por todas las cosas que están sucediendo,
el mundo que nos rodea no nos deja respirar ni un segundo,
nos han cogido la cuesta y saben todo lo de cada uno,
hoy estamos todos al descubierto por la tecnología,
cada movimiento, cada paso que damos estamos controlados
ya no hay intimidad ni en nuestro propio refugio.

Ω

Nuestra casa, nuestro espacio
ya no hay intimidad alguna,
se están apoderando de nosotros de tal manera
que no somos dueños de nosotros mismos,
nos están llevando a su terreno y nos están cortando todo contacto con la naturaleza.

Ω

Todos son mentiras y engaños no hay verdad en ello,
tratan de engañarnos pese a lo que pese,
la verdad tiene un camino,
la mentira está llenos de ellos,
todo va a dar al mismo sitio.
Sólo un camino se aleja pero te impedirán el paso re-teniéndote
no es fácil vivir en este mundo cuando estás atrapado en contra de tu voluntad,
tienes que vivir la vida si quieres ir avanzando
aunque haya lobos de rapiña,
tienes que pasar de largo hay que ser más astutos que ellos
porque tu también tienes derecho de permanecer en esta tierra
así que ¡levántate! y coge tus riendas y vive la vida engrandeciéndote
de todos esos dones que la vida nos va dando,
la vida es un tesoro y es el más grande de todos,
agárrala con fuerza y no la sueltes,
mira al mundo que no te disuelva
tú vales tanto o mas que ellos.

Ω

Sin darnos cuenta todo pasa tan deprisa que no da tiempo,
no debes perder las oportunidades que el mundo te va ofreciendo
tienes que ir avanzando y que el tiempo no te detenga,
no mires atrás es un tiempo que no recuperarás,
el tiempo es crucial para todo para bien o para mal,
hay que seguir afrontando la vida con la mirada al frente
y con la cabeza alta demostrarás al mundo en verdad quien eres.

Ω

Echad las manos a la cabeza porque lo que viene es fuerte
ahora es cuando hay que gritar, cuando viene la calma todo se ha calmado,
los problemas vienen todos juntos así que prepararos
porque la caída será fuerte,
así que ahora es cuando hay que temer
porque no reaccionaremos y no vemos las cosas con la misma capacidad
porque nos enfocamos en un sólo punto y no vemos más allá de lo que tenemos delante,
el mundo que nos espera es mejor ni pensarlo.

Ω

Todos perseguimos un sueño, queremos avanzar y llegar a lo más alto
y que podamos conseguir todas las cosas,
la vida sin propósito no es nada
tenemos que tener un objetivo y un punto donde trazar la meta,
es importante ir preparado porque no sabrás a qué vas a enfrentarte,
la vida tiene muchos obstáculos que entorpecen el camino,
anda con cuidado, no te lastimes
es mejor llegar sanos y salvos con los cinco sentidos,
de qué te vale la pena si te quedas a unas décimas de segundos de conseguir tus sueños,
muéstrate tal y como eres y muéstrate a ti mismo tus valores.

Ω

Nadie te tenderá la mano, ¡andate con cuidado!
mira por donde vas hay serpientes por todas partes
son silenciosas y resbaladizas y pueden enroscar-te
no cruces su terreno, en cuanto te pongan un pie encima ya no tendrás escapatoria.

Ω

La muerte llega sin pensarlo, tengas lo que tengas, hagas lo que hagas
la muerte no se lleva nada, sólo tu alma y espíritu permanecerá en el universo
al ser energía fluye a través del espacio.

Ω

Tu cuerpo permanecerá en esta tierra tras la muerte,
el alma y el espíritu a la vida vuelve
porque el alma y el espíritu vida tienen
y todo lo que somos es fruto de la vida.

Ω

A cada paso que uno da más nos vamos acercándonos
y vamos uniéndonos al espacio infinito.

Ω

Todos jugamos un juego, un juego que nos arrastra a todos,
el que entra y no sale, porque es un juego
que con ello la vida te va.

Ω

Un juego que el bien y el mal se están enfrentando diariamente,
no hay manera de detenerlo, es como un imán que atrae y no se despega,
siempre habrá enfrentamientos porque en este mundo nunca se pondrán de acuerdo
porque siempre habrá un quita y afloja así que en este mundo hay que ir con mucho cuidado.

Ω

Todos llevamos a cuestas el peso de esta tierra
que se ha ido acumulando según va pasando el tiempo,
no es fácil mantenerse en pie
cuando te han echado leña constantemente,
los problemas de la vida van creciendo
y es difícil disiparlos porque no hay ningún diálogo que valga la pena.

Ω

A cada paso que uno da nos vamos acercándonos
y vamos acercándonos al espacio infinito,
el tiempo va transcurriendo y nosotros a su paso envejeciendo,
el tiempo pasa y para nosotros es esencial,
el tiempo que estamos en esta tierra tendría que brillar.
El tiempo es oro no lo malgastemos más,
la vida hay que vivirla con dignidad,
el pasado ya pasó, ahora queda en nosotros vivir el presente,
para fortalecer nuestra alma y espíritu
tenemos que estar con armonía con el universo.

Ω

La vida se remonta en tiempos pasados
va dejando huellas a su paso,
va dejando las heridas marcadas en la tierra,
el sudor y las lágrimas bañan la tierra
por el dolor y el sufrimiento que en ella se genera,
no somos diferentes a otros tiempos,
no marcamos la diferencia
estamos atrapados en el círculo donde la tierra va moviéndose
y nosotros tropezando,
lo importante de la vida es ir avanzando paulatinamente,
el tiempo es la memoria del subconsciente.

Ω

Estamos en un polvorín donde se ha encendido la mecha
es difícil apagar-la porque se alimenta de todos nosotros,
la vida no debería ser así sino de otro modo
¿por qué vivir con miedo y con sobresaltos?
es mejor cortar por sereno,
esta vida es en la que nos sostendremos,
por no acoplarnos al sistema vamos decayendo poco a poco sin darnos cuenta,
el tiempo se nos está pasando de un modo irracional
la vida no consiste en eso sino como lo planteemos.

Ω

La vida no es un juego, no hay que jugar con ella,
no hay que ponerla en peligro porque de ella nos va la vida,
la vida es muy valiosa deja que siga su curso
estamos en esta tierra para aprender de ella,
de ella forjamos nuestra vida y de ella partimos hacia otros horizontes,
la vida en la que estamos es provisional.

Ω

Nos estamos alejando de todo lo que nos rodea,
nos están planteando la vida y nos están poniendo condiciones
y a la larga ellos se harán con nosotros,
¿con qué propósito tienen que ahondar en nuestras vidas?.

Ω

Formamos parte de la unión con Dios,
tratamos de amoldarnos a la tierra,
somos hijos de la providencia y formamos un vínculo con el cielo y la tierra,
la tierra es la que nos vio nacer,
la que guarda todos nuestros tesoros y el día del mañana procederemos al cielo
cada uno individualmente.

Ω

En esta tierra nada somos y nada tenemos
porque nada es nuestro
pero nos apropiamos de ello,
es un manantial lleno de energías
que fluyen por toda la tierra y mana a través de ella leche y miel
y nos da el refugio que necesitamos,
nos aporta la estabilidad y las energías del universo
acoplándose al cosmos viajamos por todo el firmamento
enseñándonos los valores que en la tierra se requieren
oro, plata y bronce son unas de las cualidades que hay en la tierra.

Ω

El mundo en que vivimos ya no nos protege
porque está llegando a un punto de desconcentración,
se nos ha ido de las manos y ahora no hay manera de volver atrás,
ahora tenemos que cargar con las consecuencias,
ahora será el inicio de lo que será,
ahora ya no hay vuelta atrás,
ahora hay que buscar la forma de protegernos
para que no vaya a más.

Ω

Ya no vemos con los mismos sentimientos,
ya no acoplamos a la vida nuestro sistema
se han perdido los valores y ahora vamos esquivando-nos,
el miedo nos ha transformado la vida y no somos dueños de nosotros,
nos han planteado las cosas sin comerlas ni beberlas
y ahora estamos a la espera de ellos,
ellos mandan, ellos gobiernan y ellos deciden nuestro cometido y a qué a sabiendas.

Ω

Todos partimos de un punto que se trazó meticulosamente
trazando una línea al compás se dibujó el espacio infinito,
todos formamos esa cadena que une al cosmos,
todos somos de la divinidad de Cristo,
todo está unido al Padre y el Padre al hijo
y todo lo que somos está en la cruz en sus pensamientos
porque Él es el eje del pensamiento cósmico.

Ω

¿Dónde buscar si todo ya se ha removido?
ya no queda nada por hallar en este mundo,
ya se ha saqueado todo ahora queda esperar que la tierra se asiente de nuevo
pero esto no acabará aquí, la tierra tiene que fermentar de nuevo
para sus raíces poder prosperar,
la lluvia, el viento, el fuego y la tierra tendrán que unirse a ese procedimiento,
la tierra es la base de nuestro renacer de nuevo,
la tierra es la que mantiene la composición de los elementos,
es la tierra la que amamantará a sus hijos adoptivos
todo está conectado al universo.

Ω

No dejo de pensar cómo será el mañana,
cómo nos afectará todo esto,
esto no acabará bien porque ha empezado mal
en el tiempo que llevamos no hay indicios de que mejorará,
habrá altos y bajos y no sabemos cuándo se estabilizará de nuevo,
sólo hay una hipótesis y no se saben sus resultados a la espera está de analizarlo.

Ω

Solos y perdidos en el espacio rodando eternamente en él,
miramos y observamos las estrellas y ver el mundo a nuestro alrededor,
un mundo que se sostiene con la energía de Dios,
todos participamos en su obra del gran maestro
la de un gran Rey muestra a cada instante los pasos y la evolución
adquiriendo-nos sabiduría nos muestra su amor.

Ω

Nos estamos dejando perder por nuestras malas acciones,
nos estamos dejando perder un mundo maravilloso,
un mundo donde hay cabida para todos
porque todos pertenecemos a esta tierra y a este espacio,
en este mundo no todos están contentos, unos tiran y otros aflojan
nunca estaremos de acuerdo hasta que no haya un equilibrio,
hay que estar todos de acuerdo y todos de a uno.
Para lograr la estabilidad hay que ir todos a la par
no han de haber mentiras ni tapujos sólo solidaridad.

Ω

Soy quien soy, soy el espíritu errante,
el espíritu que atraviesa el cosmos,
soy la palabra que se funde en mi,
soy la voz que se funde en los corazones,
soy la energía que vibra en vosotros,
Yo soy yo y en mi os reflejáis
porque sois parte de mi y del universo
y vosotros estáis en mi memoria,
cada ser, cada palabra es un mundo
porque cada uno se representa así mismo,
el yo que se manifiesta en él renace de nuevo
y sale de su alma incorporándose al espíritu.

Ω

En verdad ¿qué nos deparará la vida?
¿cómo actuaremos de aquí en adelante?
el mundo que nos rodea ha dado un cambio impresionante,
nos ha dado un vuelco la vida con los echos que se han acontecido,
está tierra nos ha conmovido a todos
y ahora buscamos las respuestas a todo lo que ha sucedido
y va dejando las secuelas y un daño irreversible,
este mundo que nos rodea es lo más precioso que existe,
no debemos alterarlo porque es sacar su furia y bajo el subsuelo se esconde su matriz
despertando el pudor de los gases tóxicos,
el mundo que nos rodea es un volcán en erupción,
no alteremos la vida más de lo que está.

Ω

Por Él nacemos, por Él damos la vida,
por Él nos manifestamos en esta tierra,
en esta tierra es en la que nos hallamos
buscamos sin descanso nuestro regreso
porque estamos de paso,
cuando se cumplan las estaciones marcharemos de nuevo
en un camino que debemos recorrer en esta estancia en la tierra,
pase lo que pase, debemos mantenernos firmes
porque tenemos la tendencia de complicar las cosas
una y otra vez caeremos en los mismos errores y en los mismos fallos
y no hemos cambiado nada ni en los tiempos de Moisés y Salomón,
ni en ninguna época,
siempre ha habido conflictos y los habrá porque así es el ser humano,
no hacemos las cosas pacíficamente
y luego viene lo que se espera, la caída de un desastre.

Ω

Estamos en este mundo para hallar la armonía del universo,
para hallar la paz interiormente y traspasar los límites de la lógica,
buscar la manera de contactar con otros mundos
y viajar en el tiempo, todo es parte del universo,
todo gira alrededor nuestro,
todo está ahí por encima de nosotros percibiendo todas las energías
que el firmamento nos transmite,
esas vibraciones se conectan con el Espíritu Santo,
es la hora de cantar sus alabanzas que provienen del más allá
y que penetran en nuestras vidas con el cantar del Ruiseñor.

Ω

Nos levantaremos y nos caeremos una y otra vez y vuelta a empezar
pero habrá un mañana que no nos levantaremos,
las fuerzas nos fallarán si continuamos así,
la vida se nos irá de las manos y no habrá cuenta atrás,
lo que se ha empezado es difícil detenerlo
esto corre como la pólvora,
vivir es lo que nos mantiene en pie,
lo que nos da los ánimos de esperanza,
lo que nos mantiene con vida
a pesar de todos los contratiempos.

Ω

Vivimos, pero ¿de qué manera?
estamos atrapados en nuestro propio mundo,
nos han lavado el cerebro y no dependemos de nosotros,
nos han cogido la cuesta y nos han manejado a su antojo,
no podemos dar un paso y todos lo saben
nos han puesto un bozal para estar bien calladitos
y vamos por el mundo esquivando a los demás,
ya no hay esa expresión que se tenía porque nos han quitado la libertad,
ya no somos libres ni por asomo
porque se ha adueñado de nosotros imponiendo sus opiniones,
el mañana, sólo el mañana dictará sus normas.

Ω

Si perdemos, perdemos todos porque todos estamos en la misma esfera
no hay ni mejor ni peor, sólo sobrevivir manteniendo nuestra compostura.

Ω

¿Qué espera de mi que aún no se manifiesta?
pasa el tiempo y sigo caminando,
no logro entender las razones y mi vida va pasando
el tiempo corre, el tiempo vuela y no he hecho nada al respecto,
sólo cuatro líneas de mi pasado guardan mis recuerdos escritas en folios,
guardo mis memorias, algún día saldrán a la luz los recuerdos ocultos
más profundos de mi vida.

Ω

Todos estamos aquí a la espera de las respuestas
pero nunca llegan todo son excusas,
no hay manera de que encajen a la perfección
los hechos demuestran todo,
¿por qué tanto rodeo y las cosas a medias?
no podemos ser claros por una vez
así las cosas no tendrían tapujos,
las cosas bien avenidas, bien avenidas son
¿por qué no ser sincero por una vez
tanto nos cuesta decir la verdad
o es porque la verdad se esconde?
hay algo que nos puede desorientar en la vida
¿a qué nos tenemos que acoger?
todo está confuso, uno no sabe por donde tirar,
las mentiras dañan nuestros sentidos y nuestra sensibilidad
porque de la mentira y los engaños nada bueno saldrá.

Ω

La tierra ya no prospera porque el alimento que la abastecía ya no tiene los mismos minerales,
la sustancia que la hacia prosperar se está debilitando,
la tierra sin fuerzas saca lo peor de ella,
los volcanes y los terremotos se oirán por todo el mundo
porque en la tierra seca y escarchada no crecerán ni los espinos.
Esta tierra que era fértil no dará leche y miel
porque no hemos sabido valorar lo valiosa que es
y ahora estamos viendo los errores que se han cometido a lo largo de la vida,
no hemos aprendido nada con el paso de los siglos
ahora a agarrarnos con las consecuencias de lo que no supimos ser,
los guardianes de la tierra.

Ω

Sólo Tú puedes entender las razones de este mundo,
sólo Tú puedes aplacar la sed que llevamos dentro,
sólo Tú puedes darnos la estabilidad que necesitamos
porque Tú eres el núcleo de la vida y la suspensión de lo creado
y Tú manifiestas lo manifiesto aquí y en el momento
actuando en el proceso de la evolución de los hombres
dando estabilidad y manteniendo el orden del firmamento
acoplando la vida al sistema a la matriz del cosmos.

Ω

Todo llega porque todo está ahí en el pensamiento,
todo fluye a través de la vida
en ese contacto en el interior de nuestro ser
que fluye el espíritu de Dios abrazado a nuestro corazón
ahonda en lo más profundo de nuestra alma
acoplándonos a su identidad porque somos de lo divino.

Ω

Todos narramos una historia, la de nuestro ser
desde que naces y mueres participamos en este mundo de algún modo u otro
manteniendo el equilibrio en contacto con la tierra.

Ω

Dichosos hemos de ser de estar en este mundo acoplándonos al sistema
a las cuatro estaciones de las que estamos en la tercera fase de nuestra vida
en la que se incorpora el Espíritu Santo que demuestra la sabiduría e inteligencia
y la que nos hará más fuerte con el tiempo porque sus enseñanzas van más allá de este mundo.

Ω

¿Qué es vida? porque viene del pensamiento divino
del poder de la gloria que se manifiesta en el mundo,
es esa magia que envuelve el cosmos,
la voz del Padre se oye en los confines del firmamento,
todo está en Él porque de Él nace ese concepto de la vida
manteniendo ese contacto con el espíritu vivo
que radia de luz el firmamento Él se ve manifestado,
según su obra va creciendo a lo largo de los siglos y todo perdura en Él.

Ω

Qué somos en realidad en este mundo infinito?
¿por qué se plasmó de vida y con qué función
que actuamos en esta tierra y nacemos y morimos en ella?
que poco sabemos de todo lo que nos rodea,
es una incógnita buscar sin parar las claves del misterio.
¿qué se nos escapa?, ¿qué es lo que no podemos ver y entender
si delante de nuestros ojos están las respuestas?
cuanto más buscamos más perdidos estamos y buscamos en el sitio equivocado
que no corresponde a este mundo,
hay que ahondar en lo mas profundo del universo
y en lo más profundo de nuestra alma y dejar volar la imaginación
y trasformar el mundo en algo más
porque no es lo que vemos sino que es lo que no podemos palpar
es como una brisa que se siente en nuestro cuerpo
pero no se ve, sólo lo acaricia por un instante
la magia de ser el fruto de la vida nos mantiene en pie por los siglos
vagando por este mundo insólito.

Ω

De la noche a la mañana nos hemos quedado todos mudos
y nada para protegernos,
vamos de aquí para allá a ver qué nos espera,
el futuro que se ve es todo gris
no hay manera de que salga adelante, algo lo está impidiendo
¿cómo mantenernos nuestra estabilidad cuando se ha desequilibrando todo?
¿cómo sujetarnos si estamos en la cuerda floja a punto de romperse
y se nos está deshilando poco a poco
y la vida se está yendo de las manos por segundos?
el mundo nos está demostrando otra faceta que ignoramos.

Ω

Vivir como es debido porque el tiempo corre, el tiempo vuela,
sin darnos cuenta polvo y ceniza eres
sólo mantendremos esa losa con nuestro nombre.

Ω

¡Despertad! que no es tiempo de dormirse,
es tiempo de abrir los ojos,
es un tiempo de ver las cosas más a fondo
y ver el mundo que ya no es el mismo
porque nos han manipulado de tal manera
que no nos damos cuenta que el eje de la vida no es este,
no perdamos el contacto del que nos hace libres de ataduras,
el que nos mantiene a salvo,
el que vivió y murió por todos nosotros
andará por estas tierras de nuevo,
por esta tierra y por estos páramos en busca de lo que se ha perdido
para ser hallado y de nuevo ser establecido.

Ω

La vida no se reemplaza así que hay que dejarla que viva su tiempo
para que vivamos plenamente el tiempo señalado a cada uno,
lleva su gloria y su sacrificio a sus espaldas
déjala que siga su curso,
la vida es muy valiosa para todos
mantengamos nuestra compostura,
hagamos esta vida más placentera
porque la vida ya es dura de por sí.

Ω

Busco más allá de lo que la vida me demuestra,
más allá de este mundo donde mi vida se plasma de gloria,
donde el cielo y la tierra me trasladan a la fuente viva
esa vida, ese poder que se manifiesta en mi
nace en mi el espíritu de Dios,
de esa palabra, de ese verbo nace el amor que traslada a otras dimensiones
acoplándose al espacio infinito.

Ω

Todos en sí formamos parte de un mundo paralelo,
estamos en este mundo donde el nacer es un privilegio,
estamos aquí cumpliendo una misión imposible
porque no formamos parte de este mundo
sólo estamos de paso en un espacio de tiempo,
este mundo nos mantiene con todas sus propiedades
pero de mientras tenemos que ser firmes en él
y mantener nuestra posición
y saber en cada momento quienes somos, ha donde vamos y de donde venimos,
más allá de las estrellas se oculta nuestro espacio,
más allá de la esfera terrestre pertenece nuestro espíritu
sólo hay que buscar el punto que lo trazó y formó el cosmos.
Para saber nuestra identidad hay que saber de dónde venimos
pero si es cierto de que de este mundo no somos,
somos viajeros en el tiempo pero algo pasó en el universo
que tenemos que asentarnos por una brevedad de tiempo
pero ya llevamos décadas sin resolver el misterio,
oculto a la mirada de nuestro ser mantiene la lógica de la vida,
de cuerpo, alma y espíritu se compone nuestro yo
del que es su yo y Yo soy aquel, el que encuadra la vida al sistema.

Ω

Se me están terminando los recursos
apenas tengo las palabras adecuadas,
he estado toda la vida pendiente de mis objetivos
y he olvidado lo más importante, el amor que consigo llevo,
el amor que traspasa mi alma llega a tu corazón
para aliviar mis penas que en este mundo se generan,
hay que estar bien con Dios, no hay que tener tapujos
porque Él es claro como el Sol y hay que ir con la verdad por delante
porque la verdad es Dios, y Dios es la verdad.

Ω

Somos del encuentro del más allá,
somos del inicio de lo que será
polvo de estrellas se esparcirán por el universo
manteniendo el espíritu errante,
somos todo aquello por lo que se vive,
el amor eterno manteniendo nuestras constantes vitales
en este mundo infinito muestra las características que forman parte del espiral de la vida,
no es en sí lo que en la vida buscamos
sino lo que transformó la vida en sí,
en espíritu mora en nosotros esa carne,
ese verbo que permanece en los siglos.

Ω

¡Corred, no so detengáis!
el tiempo que corre no os facilitará las cosas
para poder ver amanecer el alba,
cuando uno avanza vida va teniendo
porque el tiempo pasa y él no se detiene
va iniciándose según las estaciones.

Ω

El que se queda atrás no ha entendido el mensaje
y nada se podrá hacer por él,
no podemos quedarnos atrás, haya lo que haya, ni mirar atrás siquiera
porque el peligro nos va acechando y no hay tiempo que perder
y es cuestión de tiempo que todo salga bien
porque una vez más en la vida nos da una mala jugada,
cuando creemos que todo va bien la vida se tuerce
como en todas las épocas marca un destino amargo
aunque nos corten el paso hay que seguir adelante,
no hay mal que por bien no venga,
el destino de la vida está en nuestras manos,
el destino de la vida tenemos que jugárnoslo a base de esfuerzos y sacrificios
tenemos que lograrlo por el bien de todos,
mantener este mundo que es lo único que conocemos
y en el que nos hallamos, lo demás son suposiciones.

Ω

La vida no sería vida sin un mañana,
no todo tiene que acabar aquí en este mundo insólito,
no tendría sentido alguno porque la vida es algo más,
nos da amor, fe y esperanza de que el mañana se continua.
La vida es un reto que tenemos que seguir para el más allá,
el que lo busca hallará el misterio de la vida
escondido tras de sí nos reta a un reto,
el que cree hallará los conocimientos que aporta la vida,
la que está en juego diariamente,
le aportarás a sus características y ya con vivir la vida tiene sentido,
ya somos dichosos de permanecer en ella,
la vida es algo más de lo que uno espera.

Ω

Largo es el camino que a la gloria nos lleva,
largos son los senderos que entorpecen el camino,
sólo hay un camino y una meta
no te desvíes de tu camino por lo ancho y largo de este mundo,
hay cardos y espinos que dañarán tu cuerpo
ellos impedirán que no llegues a la meta de tu destino.

Ω

Todos somos hijos de un solo ser,
el que nos dio la vida y nos mantiene en pie,
año tras año, siglo tras siglo y aún no hemos podido encontrar la realidad,
estamos postrados sobre la tierra esperando al juicio final.
¿qué pasó y qué quiere demostrarnos el universo?
no estamos en este mundo por casualidad,
lejos de los confines del firmamento
nos postraron a saber por qué,
por más vueltas que uno dé estamos como al principio
desnudos y descalzos por este mundo de tinieblas, de penurias y calamidades,
¿cómo saber que nos espera en esta tierra?
porque aquí se avanza pero también se retrocede
y quedamos en el mismo punto de encuentro del éxtasis
y así se pasan las generaciones pasadas y futuras
y no llegamos a ninguna parte,
toda la vida buscando y nunca hallando,
nadie da las respuestas que corresponden
pero ocultas tras esas murallas invisibles se esconde la verdad.

Ω

Todo llega nada queda oculto,
todo se descubrirá, una mente abierta lo demostrará
cuando el cielo y la tierra retumben al ruido del trueno
se despertará la conciencia
y todo lo que está oculto se destapará,
y todo lo que hay en esta tierra se sabrá
nada queda oculto a los ojos de Dios.

Ω

Dios es el que es, único y verdadero Rey
el único en el que se puede confiar,
Él nos dio la vida y la potestad
en esta tierra en la que vivimos dignos hemos de ser,
Dios nos puso en esta tierra para poder volar hacia los confines del universo.

Ω

Mañana, sólo el mañana decidirá nuestro destino
porque el ayer y el hoy en tinieblas han estado,
estamos y estaremos,
en esta vida nada más hay que conflictos uno tras otro,
cada vez más grandes, ¿hasta dónde se llegará?
pero nada bueno esto traerá,
estamos viendo sus inicios a lo largo de la vida,
sólo han habido penurias y calamidades a lo largo de los siglos,
¿que nos espera de aquí en adelante?
¿cómo ahuyentar los malos espíritus que rondan por este mundo?
¿cómo combatir el mal que nos arrastra?
no hay antídoto que nos pueda proteger entre el bien y el mal
ahondan las palabras, entre el bien y el mal se disputará
entre el bien y el mal el mundo se enfrentará de nuevo hacia un destino impropio
al no haber mejora el mundo se está tambaleando delante de nuestros ojos
vemos como se cae un imperio en pedazos,
la tierra es nuestro imperio y nuestra fortaleza
no debilitemos más las cosas de nuestras injusticias

Ω

Para llegar a ti hay que estar limpio de corazón
y que la sangre fluya por tus venas el espíritu y de Dios,
ese espíritu errante que nos hace sentirnos libres,
mora en nosotros la sabiduría y la inteligencia
nos hace sabios porque el que es, es yo Soy,
porque en mi sois vosotros de la esencia de la vida.

Ω

En este mundo hay que ganar una batalla
y está dentro de ti, sabes como enfrentarte a ella,
entre el bien y el mal está la balanza de tu destino,
entre el bien y el mal está el equilibrio de tu vida
mantente firme en todo momento,
no dejes que nadie coja tus riendas
porque somos esclavos de por vida
y no tendrás derecho alguno cuando se apoderen de ti,
te quitarán tu libertad que con honores has ganado
y con esfuerzos has mantenido esa estabilidad que te da la vida
al nacer con el Espíritu Santo
y manteniendo los cinco sentidos bien puestos
a raíz que el tiempo va pasando mas sabiduría vas teniendo.

Ω

Somos aquello que la vida representa, amor eterno,
amor divino el que fluye por nuestras venas,
somos representantes en esta tierra del poder del altísimo
del que nos da la gloria
y que cada día el universo nos transforma algo más que la vida
en espíritu engrandecido.
Cuanto amor florece dentro de cada uno,
somos patriotas del cielo,
somos engendrados en el universo cósmico
porque nuestras partículas pertenecen más allá del cosmos,
más allá de nuestros pensamientos fluye el agua viva
de esa fuente de energías nace toda la sabiduría
cuerpo, alma y espíritu se consagran de nuevo bajo la potestad divina.

Ω

¿Cuántas verdades y mentiras hay en este mundo?
tenemos que acoplarnos a esas debilidades,
tenemos que adaptarnos y acoplarnos a esta tierra,
por el bien nuestro tenemos que seguir viviendo
aunque nos cueste la vida este mundo nos pertenece a todos, por algo estamos aquí,
hay algo del antes y un después de esta tierra que anhelamos con impaciencia
la búsqueda del mañana se aproxima lo que tanto tiempo hemos esperado,
más allá de los límites de la lógica se halla el contenido de la vida,
un mundo tras de otro nos aguarda para ser eternos.

Ω

Estamos aquí para que el mañana sea certero y demostrar al mundo
que hay algo más por encima de todas las cosas,
hay que pensar por los cinco sentidos
y dar muestras de que no estamos solos
nos acompaña el Espíritu Santo en nuestro recorrido
muestra de la grandeza de Dios que nos puso sobre la tierra,
el amor que traspasa los límites de la lógica
está a punto de venerarse al cumplirse las estaciones
que moran el Padre, el Hijo y el Espíritu Santo.

Ω

No dejarnos caer aunque la batalla sea grande,
para sobrevivir hay que ser conscientes de lo que sucede,
hay que tener los pros y los contras y decidir lo que está bien o mal
para valorar los hechos y así una imagen de lo que representan
lo bueno y lo malo hay que dialogar-lo
y hay que darle tiempo para no equivocarnos
y aún y así nos equivocamos una y otra vez
porque es difícil congeniar con los demás
porque somos de diferentes condiciones.

Ω

¿Qué está pasando que todo se nos está echando encima?
uno tras otro y esto no se termina
¿hasta donde llegaremos?
con la presión que tenemos no damos crédito a lo que está pasando
y nos han echado un jarro de agua fría
y se nos está enfriando la sangre y el corazón se ha endurecido,
ya no vemos con los ojos del alma
porque nos han tergiversado las ideas
y es difícil ver la verdad del engaño
cuando se disfrazan como el payaso
y no se puede ver quien se esconde detrás de la máscara.

Ω

Agarraros bien el cinturón porque lo que viene será fuerte,
hemos entrado en un pozo sin salida y retroceder será un peligro
porque no sabemos cómo nos afectará todo esto,
estamos indefensos delante de todos
las fuerzas se van debilitando a causa del mal planteamiento
se nos están acabando las fuerzas y gritamos a los cuatro vientos
basta ya de tantas mentiras y decid las cosas claras como el agua
porque ya no somos chiquillos que se nos podría dominar
para poder entendernos al pan, pan y al vino, vino
ese es el tiempo en el que estamos y tenemos que ser claros como el agua
y no hay que ir con tantos rodeos porque no somos tontos y sabemos lo que pasa
porque al final las mentiras saldrán al descubierto.

Ω

Estamos echando el mundo a perder y así no levantaremos cabeza
porque estamos tan endebluchos que se nos quitarán las fuerzas,
luego para levantarnos será difícil ponernos en pie y nos tambaleará el cuerpo
¿qué nos aguardará el futuro si todo esto está acabando con nosotros?
¿qué mundo quedará a nuestros hijos cuando ellos despierten?
cuando ellos reaccionen no habrá tiempo para las lamentaciones
tendrán que actuar rápidamente antes de que el mundo desaparezca,
ver la luz antes de que se apague.

Ω

En este mundo en el que estamos nos están robando la vida,
nos están llevando a un mundo sin control,
nos están poniendo barreras que no podemos traspasar,
nos cortan el paso allá por donde uno va.
La vida en la que vivimos ya nos podemos agarrar
porque cuando te sueltes nadie decidirá por ti
todos estamos en la misma posición y en la misma línea,
te han trazado para controlar la situación
y así desvían tu propio destino, es el dueño de tu propio ser,
el mundo en el que vivimos ya no nos arropa
se ha llegado a un punto donde ya no habrá control
pero si una batalla por sobrevivir.

Ω

Solos y tendidos en esta tierra nos hallamos
no tenemos protección ninguna, nacemos y morimos en ella
y toda la vida tratando de labrar nuestro futuro aunque sea la vida corta,
vivir como es debido es imposible en este mundo marcan nuestro futuro,
cuando uno cree que todo va bien se desbarata, no lo sé pero esto pasa,
hay algo en este mundo que no nos deja vivir libremente,
en todas las generaciones han sucedido cosas
y ha habido una pausa que se ha detenido en el tiempo y así sucesivamente,
¿cómo será cuando el trueno y el rayo despierten al zumbido de las trompetas?
echad las manos a la cabeza mientras se pueda
en este mundo han habido siempre llantos y lamentaciones,
en este mundo en el que vivimos tenemos el corazón pendiente de un hilo.

Ω

Si uno no sabe cuál es la verdad o la mentira
es porque nos están engañando,
juegan con nuestros sentimientos
y hacen que el mundo sea otro,
están transformando nuestra mente
y que nos acoplemos a otro sistema,
ellos manejan nuestro timón a raíz de esta tierra,
ellos se aprovechan de nuestra debilidad
manteniéndose al margen actúan como intermediarios,
hurgando en nuestras vidas como si fuésemos propiedad suya,
ellos hacen y deshacen a su antojo y deciden por nosotros
y no tenemos vida propia.

Ω

Ya no somos libres ni por asomo,
ya nos han cogido la cuesta,
saben de que pie cojeamos cada uno,
saben a donde vas y de donde vienes
tienen espías por todas partes,
saben cuando entras y sales de tu casa,
saben todos los movimientos que haces al cabo del día
y esto es una pesadilla que controlen nuestras vidas.
Iremos rodando cuesta a bajo hasta que quedemos todos magullados e indefensos
y nada para protegernos de las cosas exteriores,
el alma y el espíritu mantendrán el estatus
el poder de la vida se sostiene solo y sólo es uno el que vive eternamente.

Ω

Todos llevamos el peso de nuestra conciencia,
todos somos víctimas del engaño, el camino ancho y corto
con resignación tenemos que llevarlo,
la vida en sí tiene subidas y bajadas
donde nuestros ánimos varían según el día,
este mundo en el que vivimos es más duro de lo que se piensa
estamos atrapados en medio de la tormenta
donde la lluvia cae intensamente rompiendo las barreras del conocimiento
y nuestro corazón endureciendo el alma,
el mundo nos atrapa la inocencia de un niño tergiversando las palabras,
cambiando nuestras vidas.
Para conocer la vida hay que conocer la historia
en todas las épocas rompen en el silencio
y en todas las épocas marcan el destino.

Ω

Todo nace a la vida partiendo de la base de Dios,
Dios transformó el cosmos y lo radió de luz del espíritu
que lo envuelve en su creación,
Él manifestó con su palabra el manifiesto,
dichosos hemos de estar del príncipe de la vida
que honra al Padre y da vida a la resurrección,
el controla el universo bajo sus pies
vida Él tiene, vida es el que da
la vida nace de la palabra y es digno de adoración.

Ω

No hay un lugar en esta tierra donde se pueda descansar,
no hay un lugar en esta tierra donde reine la paz,
todos son problemas y calamidades y los conflictos no se acaban
allá a donde vayas todo es igual
el mundo no se sostiene por la vanidad.

Ω

Muéstrate tal y como eres
para que no se dañe tu sensibilidad
porque el camino de la vida no se encuentra en este lugar
hay que ganárselo con honores
y dar culto a Dios.

Ω

Todo empieza y todo se acaba y nada dura eternamente,
estamos atrapados en esta tierra y estamos a la merced de todos
todos quieren mandar y gobernar y de mientras tú tienes que aguantar todo lo que echen encima,
tú no puedes hacer ni deshacer nada y tus opiniones no cuentan
porque han cogido las riendas de tu vida,
hemos dejado que nos manipulen y ahora es tarde para que tú decidas
esta tierra es una trampa y hay que ir con los ojos abiertos
así se hacen con nosotros, son astutos para hacer la patraña,
la estudian meticulosamente y ellos nunca irán a ciegas
para no entrillarse las manos y no nos demos cuenta de nada,
sólo cuando haya pasado el tiempo nos daremos cuenta de ello
para cuando ya sea tarde ya no habrá tiempo para las lamentaciones
sólo tenemos que actuar sabiamente y no hay que seguir el juego
porque es lo que ellos desean y el pasado se remonta en épocas pasadas
a través de los siglos nada ha cambiado.

Ω

Nada podemos hacer si el mundo continua como hasta ahora
sólo ha habido perjuicios y nos estamos lamentando
por no saber entender y analizar las cosas ha su debido tiempo
ahora pagamos las consecuencias,
¿qué mundo es el que nos rodea que la balanza se tambalea de un lado a otro
y no nos damos cuenta de los hechos?
ahora vagamos solos por el mundo y desorientados
porque no caminamos con la misma capacidad de antes,
nos han robado nuestra libertad y nos están quitando la vida
de algún modo u otro se están apoderando de nosotros a saber ¿por qué?
estamos cayendo tan bajo, el mundo ya no es el mundo que era y que confiábamos,
la aguja del reloj la hora marca a la inversa y en vez de adelantar vamos retrocediendo,
¿qué mundo es el que nos aguarda?
¿qué mundo es el que nos espera?
la magia del universo se esfuma como los sueños atrapados en el mundo,
llegará el día que esto se termine porque el precio de la vida es muy alto,
es vivir sin amparo y sin consuelo
solos en este mundo nos hallamos perdidos en nuestra memoria,
al perder, perderemos todo,
todo lo que hemos logrado y hemos vivido
han marcado una etapa en nuestras vidas
y sólo queda una esperanza, el renacer de la vida.

Ω

Seguid tenéis mucho camino por recorrer,
no os detengáis por nada del mundo
buscad y hallaréis y se os mostrá el inicio de lo que será el mañana
y el mañana será certero.

Ω

Sólo será una racha en nuestra vida, verás como esto pasará,
todo esto lleva su tiempo y su sacrificio
y a la larga su recompensa tendrá,
todo lo que pasa no será en vano
porque algo grande se nos mostrará
en lo alto de la montaña el Espíritu de Dios se verá.

Ω

Somos el espejo de nuestra alma y de nuestra conciencia,
somos de lo que en nosotros habita
el espíritu que envuelve nuestro ser,
el niño que llevamos dentro.
Somos todo aquello por lo que se representa la vida,
el amor eterno baña nuestros ojos de júbilo,
el color púrpura embellece el amor que embellece nuestro espíritu
ansia de vida prolongando nuestro ser más allá de lo alcanzable
donde el amor permanezca eternamente bajo la morada de Cristo.

Ω

Somos de la raíz del tallo, del árbol de la vida,
de la fuente viva de la esencia de Dios,
somos de la magia que atraviesa nuestro ser,
el símbolo de la vida que arranca nuestro corazón,
el amor divino, el amor perpetuo se funde en la composición del cosmos
donde se alimenta la sabia en el infinito
todo proviene de las constelaciones divinas del divino Dios.

Ω

Todos llevamos a la espalda el peso de nuestra conciencia,
los errores de nuestros antepasados que se funden a través de los siglos,
vamos arrastrando las pesadillas de un infierno infiltrados aquí en el presente,
todo tiene lógica, nada ha cambiado
seguimos como antaño cayendo en el abismo.

Ω

Hay que buscar una salida a todo lo que nos está sucediendo,
hay que buscar las claves en las que se produjo,
hay que saber qué fue lo que se resbaló de las manos en ese instante,
en ese tiempo que ha transcurrido para saber que es lo que ha fallado
hay que meterse a fondo en el programa
e indagar en las matemáticas, físicas y químicas
para sustraer el error que han causado estragos
porque no vivimos y no se vive
por causa ajena a nuestro metabolismo
de alguna forma nos están haciendo callar
porque esto no es normal que lleve demasiado tiempo
y de mientras todo se vaya a pique,
al final la vida ¿cómo se nos presentará si nos están dividiendo
y ya no hay ese contacto entre unos y otros?.

Ω

Vamos sin rumbo hacia el precipicio
hay que buscar una salida al complejo,
no hay que dejar que nos manipulen y tener las cartas boca arriba,
la verdad tiene un camino y lo decide uno mismo
no hay que dejar que otros cojan las riendas
porque esas riendas son tu destino,
acopla-las a tu alforja y mantenlas seguras
y digan lo que digan no hay que creer todo lo que te dicen
es una estrategia que ellos buscan,
no se sabe con qué propósito actuarán
sólo se sabe que tienen mucha sabia
y consiguen todo lo que se proponen y tú opinión no vale nada.

Ω

Buscamos cada día sin descanso el por qué de este mundo
que se inició nuestra gestación lejos de nuestros orígenes,
porque nos hallamos lejos de todas las galaxias
y perdidos en los confines del universo nos postraron,
solos e indefensos cara el mundo nos enfrentamos a todas las calamidades
que afrontamos en la vida,
el amor y los sentimientos nos hacen fuertes
porque es difícil mantenerse en pie en este mundo insólito
donde los buitres y las carroñas no dejan de sosegarnos,
vivir en este mundo es la soledad más grande enfrentándonos a lo desconocido
y para mantenerse firme en este mundo hay que tener agallas para no confesarte con nadie,
al estar el mundo en tinieblas tenemos que resguardarnos
y no perder la retaguardia por nada del mundo,
somos viajeros en el tiempo atrapados en un punto tridimensional.

Ω

La rosa que te ofrezco es la rosa de la vida
se mantiene en la tierra con las lágrimas del firmamento,
es la rosa que florece dentro del espíritu donde mora Cristo.

Ω

En la tierra se plantó y fue creciendo,
fue poblando la tierra con rosas y pétalos
y de ahí nace la vida y el Espíritu Santo.

Ω

Cada flor, cada rosa se funde en la tierra
naciendo de ella los retoños
porque de ellos nacerá la canción del universo que transforma la vida de nuevo.

Ω

Un rosal lleno de rosas florece dentro de mi
la fragancia que desprende es el aroma del jazmín,
esa rosa no se marchitará porque mi corazón floreciendo está
porque la raíz, el tallo y las hojas dejarán un aroma tras de sí en las noches cálidas y eternas.

Ω

Te escojo a ti rosa de la primavera
porque tú eres la princesa del firmamento,
tú vas aportando a la vida sabiduría e inteligencia,
tú rocías la tierra con tus lágrimas para que prosperemos en esta tierra,
tú mantienes unidos a los hombres para la venida de Cristo,
tú que floreces junto al Padre enséñanos tus alabanzas
que vas componiendo a través de los siglos el amor perpetuo.

Ω

Un nuevo día, una nueva etapa,
un nuevo comienzo se alza,
llega el tiempo de la renovación
de dar un paso más en la vida
de afrontar los hechos que nos esperan
y modificar los errores pasados,
iniciar un nuevo proyecto hacia la vida que nos aguarda
lejos de ese pasado, de esa esclavitud que nos arrastra
inundando de penas el alma
fluyendo por nuestras venas esos sentimientos
de una vida transparente hacia la realidad oculta.

Ω

Nada somos, nada seremos en este mundo
porque no hay espacio para todos,
un camino que nos ponen experimentos.
Llegar hacia lo mas alto de la cumbre,
hay que tirar con fuerzas si queremos ser nosotros mismos
y que no nos lleven la revancha, el mundo es de todos, del que en él habita
nos postraron en la tierra para vivir libremente
para modificar nuestra vida espiritualmente
del pasado, al presente y del presente al futuro,
es un constante movimiento entre la vida y la muerte,
el valor de la justicia.

Ω

Los caminos tras de sí y las huellas del errante
modificando el alma y el espíritu,
la composición de ambos mundos y el linaje de la vida,
el espíritu que la envuelve mora en nosotros esa vida,
ese espíritu que nos envuelve en sabiduría
traspasando los límites de la lógica nos va transmitiendo el lenguaje bíblico.

Ω

Todos narramos la historia desde el principio al fin,
todos somos parte de ese emblema que es de Dios,
todos participamos en este mundo y cada uno tiene su cometido,
Tú conoces cada ser de este mundo,
lo que hace y cómo actúa,
este mundo es más complejo de lo que se creía.

Ω

Vivimos al son que la vida se mueve pero no tenemos equilibrio
porque cuando sopla el viento nos tambalea de un lado a otro
porque no somos conscientes de lo que pasa
y dejamos que la corriente nos lleve rumbo hacia el mar abierto
al no tener los remos estamos a nuestra suerte
porque aún no hemos aprendido la estabilidad que estabiliza el orden
porque no hemos manejado nuestros conocimientos diariamente,
nos estamos abatiendo constantemente entre el bien y el mal
y así va pasando el tiempo malgastando-lo por completo,
el mundo en el que vivimos no se mueve solo
es un área del firmamento que se acopla a nuestro destino.

Ω

Somos el espejo de nuestra alma y de nuestra conciencia
y se refleja en nuestro cuerpo,
hagas lo que hagas dependes sólo de ti,
tú mantienes tu palabra y esa nadie te la puede quitar.
Sed sabios y astutos a la hora de las decisiones para que no te puedan engañar,
este mundo está lleno de lobos y atrapando sus presas están.
La noche invade el silencio y la noche la muerte consigo traerá,
ser la luz de vuestro despertar de vuestra conciencia
para que el mundo no te pueda atrapar en la oscuridad de la nada.

Ω

Cada uno es lo que es,
cada uno se hace a sí mismo,
cada uno tiene su disfraz
y lo que representa en la tierra,
cada uno marca su etapa,
cada uno mantiene su posición,
cada uno dicta sus normas
y su forma de ver la realidad.

Ω

Se está perdiendo el valor de la vida al dejarnos llevar,
no somos conscientes de la realidad
aún estamos dormidos porque no actuamos debidamente,
al estar atrapados en este mundo no vemos salida alguna
porque todo lo ponen a pie de cañón
y no hay manera de obrar con la palabra, al estar manipulada
no vemos con los ojos de la verdad el engaño fortuito.

Ω

Nada somos y nada seremos en este mundo
sólo tratamos de amoldarnos a él el tiempo necesario,
nacemos y morimos y nuestra esencia se mantiene viva
porque nuestra vida carece de sentido más allá de las estrellas,
el alma y el espíritu viajan en el tiempo
un tiempo que se amolda al firmamento.

Ω

Vivimos atrapados en el mismo mundo lleno de incógnitas,
lleno de frustraciones donde la palabra se tergiversará,
ya no hay un lenguaje correcto, entenderlo cuesta,
la vida ya no es la vida que concomes
se han roto todas las barreras y cada uno va a su antojo,
el mundo ha dado un giro a la inversa
¿que sucederá de aquí en adelante si no levantamos cabeza?
este mundo nos lo han puesto cuesta arriba,
es difícil llegar a la cima
se han puesto tantos experimentos que no sabremos si podremos con ellos,
cada vez son más fuertes unos de otros
así no habrá manera de salir adelante,
el mundo que buscamos no representa este mundo
muchas batallas han habido y algunas no nos han solucionado nada,
muchas vidas posteriores y muchas vidas por delante en el sacrificio de esta tierra,
el poder hace la fuerza manteniendo nuestra compostura
con la sabiduría e inteligencia porque los hechos de la vida
se representan con el amor de la gloria.

Ω

Todos somos de la esencia que es de Dios,
esa fuente de vida que mana leche y miel,
trazamos una línea al compás con el cielo y la tierra
y somos todo aquello que Dios representa, la armonía del firmamento
se acopla a los cánticos nuevos,
el cielo y la tierra se unirán al nuevo día que vendrá
con la llamada de los ángeles anunciando estarán la buena nueva,
un nuevo comienzo se alzará a la luz del firmamento,
brillan con luz propia los senderos de la vida.

Ω

El que busca hallará los senderos de la vida,
caminamos entre rosas y lirios perfumado los corazones,
el que busca siempre encuentra la armonía de la vida
porque en su corazón penetra el agua viva de la fuente viva
del manantial de la pureza envolviendo todo su ser honra al Padre Celestial.

Ω

Dios es el todo poderoso, el que fluye a través de nosotros
el que nos guía a través de la vida buscando el camino de vuelta
lejos de esta tierra se hallan nuestros orígenes,
al que no dejamos de buscar constantemente,
nuestra vida proviene desde lo más alto del renacimiento
y Dios nos contempla desde el más allá del firmamento todos nuestros movimientos,
Él actúa con nuestros pensamientos
con la sabiduría dando una imagen del Dios divino.

Ω

Somos víctimas del engaño, hemos dejado que nos manipulen,
nos han cogido las riendas y ahora no hay quien lo pare,
el destino de la vida está en peligro, ¿qué pasará de aquí en adelante?
la bestia se ha despertado, está azotando por todo el mundo
hemos cogido un clavo ardiendo y nos estamos quemando por dentro
porque la vida no es un juego, y la realidad es otra.
¡Despertad! que aún hay tiempo para el mañana podamos disfrutarlo,
todo tiene su tiempo para lo bueno y lo malo,
el destino de la vida está cambiando,
hay que cortar por sereno todo lo que nos está haciendo daño
nadie es dueño de nosotros y menos un extraño
que se filtra en nuestras vidas como si nada
y ahora no hay manera de echarlo,
viene para quedarse mucho tiempo,
la sombra de satanás nos perseguirá y nos atormentará
hasta que no abramos los ojos a la realidad estamos a su servicio
y no parará ni un segundo de esta vida
porque ese es su trabajo, tenernos bajo su custodia.

Ω

Mañana, sólo el mañana dictará sus normas,
unas normas establecidas por Dios,
en esta vida en la que vivimos no hay perdón
porque las normas no se establecen tal y como son,
las cosas tienen que ser claras como el agua
y no haya mentiras ni engaños,
hay que ir con la verdad por delante, pese a lo que pese
porque la vida es lo más importante de todo lo que hay en este tierra
y hay que protegerla de los extraños
porque no sabemos con qué condiciones vienen
a la vista está porque van con rodeos y tratan de equivocarte,
una vez más se hacen con nosotros.

Ω

En verdad os digo, sino reaccionáis como es debido ya podéis preparaos
porque lo que se aproxima mejor ni pensarlo,
el inicio ya ha comenzado y ya va dando sus frutos inmaduros.

Ω

Todo empieza pero nadie sabe cuando terminará
sólo hay que ir viendo lo que va sucediendo y así poder afrontar los hechos de alguna forma
porque cada día que pasa algo nuevo sucede siendo mayor que lo anterior,
el mundo donde vivimos sorpresas nos da una y otra vez y no nos deja descansar
porque este mundo va en movimiento y nosotros con él,
según vaya la balanza así será el equilibrio de la vida
pero se ha sobrepasado y ahora todo el mundo está en peligro.
Para manejar la situación pasará mucho tiempo
porque es una batalla que penetra en nuestro cuerpo,
la vida con la muerte está en juego,
la vida con la muerte nos acecha constantemente
estamos viviendo en un caos en estos tiempos que corren,
cuando manejas la situación se nos ha ido de las manos todo lo que anhelamos,
todo lo que aportábamos en la vida se va esfumando.
¡mirad hacia delante y empezad desde cero! porque de un soplo nos lo han robado todo
delante de nuestros ojos sin poder hacer nada,
la muerte consigo te lleva.

Ω

Todo llega, todo pasa a su debido tiempo, nada queda pendiente
lo que ha de ser será, trata de amoldarte a las circunstancias
llevarlo con resignación en esta vida es lo que hay,
vívelo lo mejor posible, vívelo dentro de tus posibilidades.

Ω

Las huellas del renacer de la vida
ansia de luz el firmamento,
nace desde las entrañas el amor perpetuo,
ese amor que no tiene palabras
sólo con los sentimientos mas puros del alma
llega al corazón del mundo transformándose en espíritu,
Él es el verdadero Dios
que transmite esos conocimientos y nos hacen sentirnos como el viento
frágil y hermoso por dentro con la armonía del firmamento,
nos transforma a otras dimensiones acoplándonos al cosmos.

Ω

Todo es fruto de la vida,
la semilla que se plantó en el universo
florece con gran sabiduría, con amor, fe y esperanza
fluye a través de sus venas el fluir de la vida eterna
traspasando los límites de la lógica viaja a través del tiempo,
un tiempo, dos tiempos va mostrando al mundo su verdadera identidad,
Madre e Hijo se funden en un solo ser,
el amor perpetuo, el amor divino
se funden las palabras
porque el que ha sido y es se muestra a sí mismo tal y como es,
Rey de Reyes, Rey de los ejércitos postrado sobre el firmamento.

Ω

La verdad, ¿cuál es la verdad?
la verdad nace de Dios
porque Dios es la verdad,
esa verdad única que nos hace diferentes,
la verdad nace del interior del alma acoplándote a tu ser,
esa verdad nos hará libres al amanecer
del nuevo despertar de nuestra conciencia,
esa verdad muestra un camino diferente,
un camino a la gloria donde Dios nos aguardará.

Ω

En estos tiempos que corren ya podemos prepararnos
se ha abierto una brecha a ver como saldremos de ella,
cuanto más hurgamos más profunda se va haciendo
porque no controlamos los movimientos que actuamos
pero no estamos preparados para ese encuentro que es desconocido para todos,
en este mundo todo se oxida, todo se desbarata delante de nosotros,
no importa lo que hagas o dejes de hacer, el mundo continua igual
partimos de una base Dios, Dios transforma nuestras vidas en algo más
porque hemos sido creados por Él,
bajo sus dominios nos muestra paso a paso nuestra evolución,
porque Él sabe que algún día llegaremos a su morada
como hijos suyos que somos,
hay que mantener nuestra compostura y mantenernos firmes
porque somos de la luz que resplandece bajo el sol de la primavera.

Ω

Él trazó una línea al compás
lo decidió en varias moralidades,
hizo los planetas y mantiene el universo en órbita,
el mundo va girando su rotación del tiempo y en este espacio infinito
Dios controla sus movimientos
porque es el eje del movimiento cósmico,
es la clave de la esencia de un mundo convertido en leyendas,
Él constituye el filón del cosmos y la piedra angular.

Ω

Todos los caminos nos llevan a un mismo lugar,
vayas donde vayas llegarás al mismo punto de encuentro,
tarde o temprano, tardes lo que tardes será bueno o malo
ese camino lo tienes que hacer mas largo o mas corto,
el camino está ahí para ti así que aceptalo, llevalo con resignación.
La vida la enfrentarás mejor si las cosas están a sabiendas,
no irás tropezando con los obstáculos que se te presenten a lo largo de la vida,
son muchas cosas que has de esquivar,
tú sólo te enfrentarás al mundo y darás constancia de ello
al finalizar la estancia en esta tierra,
tu vida se modificará de nuevo porque eres el reflejo de lo que serás
entre el hoy, ayer y el mañana tendrás la recompensa de tus actos,
cuerpo y el alma se despojarán de tus vestiduras porque eres alma de espíritu
que vuela hacia el más allá del cosmos
mostrando otra identidad plausiva y faustiva.

Ω

Busco más allá de lo que la vida me demuestra,
más allá de todo entendimiento,
más allá donde la verdad no está oculta
y muestra los sentimientos más profundos del alma,
busco para hallar la armonía del universo
que es la que transmite paz a mi vida y en ella me refugio
como un niño asustado de todo.

Ω

Tu mundo es nuestro mundo más allá de las estrellas,
más allá del firmamento y más allá del cosmos
habita un mundo perfecto,
no es ni comparación con este mundo
porque está por encima de ese punto trazado esa geometría,
esa alineación con los planetas,
ese mundo que aún no conocemos nos deslumbrará los ojos
porque es de la luz que resplandece de Dios
porque mora en Él todo el contenido de la materia,
esa materia viva, ese espíritu envuelto en sabiduría
arranca de la nada toda la perfección que existe,
todo es el ecosistema de toda la creación
siendo Él el punto a trazar,
de Él se compone todo
porque Él es el todo habido y por haber
porque hay algo más que aún desconocemos,
más allá del cosmos existe un ser divino
que ansia de vida de todo lo creado.

Ω

Somos de la palabra verbal y de esa palabra se inició la vida
y de esa palabra dio vida al pensamiento y de ese pensamiento el firmamento brilla
porque mantiene la energía cósmica que Dios desprende.

Ω

Ese eje, esa válvula mantiene en órbita los planetas
girando alrededor del sol manteniendo en sí el eje cósmico
y cada uno mantiene su tiempo en el espacio orbitando nuestra tierra
se mantiene con la energía del sol que hace al mundo perfecto.

Ω

Todos los caminos nos llevan al mismo lugar
sólo uno es el que nos facilitará todas las cosas que están por conseguir,
el comienzo de la vida está dentro de ti
ese es tu camino del principio al fin.

Ω

Somos los portadores de llevar a cabo la palabra
y de manifestar-la de vocal y verbal,
la palabra fue dicha y escrita y manifestada
manteniendo ese linaje en pie,
esas palabras llenas de magia es portador el Ruiseñor,
Él cambió el mundo y nos enseñó la realidad,
vivimos en un cuento de hadas que está por empezar
porque en este mundo no somos libres y no podemos decidir.
¿cuántos rodeos hay en el mundo y cuántos tenemos que recorrer?
hay que ser sabios para demostrar la palabra tal y como es
y no entre comillas y mantendremos la enseñanza tal y como es
en su estatus original,
la palabra viene del verbo y del verbo yo soy
aquel que os representa delante de vosotros está.

Ω

La vida nos enseña en quien confiar,
nos muestra el camino que hemos de seguir,
ese camino está dentro de ti
y fue recorrido hace mucho tiempo
para que tú y nadie pueda tropezar
y podamos avanzar como es debido,
gracias a Él estamos aquí presentes,
gracias a Él podemos defendernos con su palabra y peregrinación
muestra nuestra liberación de nuestras ataduras que atañan a esta vida
y somos parte de esa gran mansión que se esparce por el universo
y se acopla a todas las identidades,
somos las criaturas que Dios puso sobre la tierra
y las mantiene en órbita.

Ω

De todas las cosas que están sucediendo, ¿cuál es la verdad y por qué existe?
sin esa verdad estaríamos todos ciegos
pero la verdad está a punto de salir a la luz
nada queda oculto a los ojos de Dios,
tarde o temprano se conocerá la realidad de lo sucedido
porque la verdad no tiene ni mentiras ni tapujos,
es clara como el agua y pone las cosas en su sitio
porque la verdad tiene sólo un camino,
no te desvíes muéstrate tal y como eres.

Ω

Somos el principio y el fin de una nueva era,
de un nuevo comienzo de nuestras vidas,
vivimos y partimos hacia otras dimensiones,
viajamos rumbo hacia lo desconocido
hacia un mundo no visto con nuestros ojos
sólo con la imaginación nos traspasan a otras dimensiones,
alma y espíritu volarán sin descanso
y sólo el cuerpo quedará atrapado en este mundo para siempre
porque somos polvo que el viento lleva,
somos el inicio de una nueva renovación,
somos los portadores de un mundo sin fin.

Ω

Con el tiempo el alma cura todas las heridas del cuerpo
con el amor y los sentimientos mas puros que existen,
ese amor y ese sentimiento arrancan el corazón el alma
porque la fuerza que da ese amor supera todas las barreras
que se nos interpongan en el camino
porque al llevar los genes de Dios formamos una unión
que nos une con el espíritu.

Ω

Las fuerzas del amor superan todo
nos hacen más fuertes y nada en el mundo nos detendrá,
seguiremos luchando hasta más no poder
cada uno tiene que vivir su propia vida y nadie tiene que alterarla,
nacemos y morimos y ahí está nuestra estancia,
nuestro tiempo de vida y nuestro tiempo de gloria
y en esta tierra se manifiesta porque todos somos
un granito de arena puesto en la tierra
donde la semilla florece con el rocío de la mañana,
vivir es darle prosperidad a la tierra
en la que nos vio nacer.

Ω

La verdad muestra un camino diferente y se ve más limpio y claro
nos muestra la faceta de lo que es el mundo lleno de amor y armonía
porque la verdad es Dios y Dios es el juez de esa verdad,
la que nos hace libres al despertar.
Esos sentimientos ocultos en nuestras entrañas saldrán a flote
porque el amor que nace desde las entrañas
muestra un valor incalculable a la hora de demostrar la palabra,
el corazón se engrandece porque el amor y la palabra une al Padre
y del Hijo a esa verdad absoluta.

Ω

A lo largo de la vida ¿cuántos caminos se han recorrido?
pero no dejan muestras de ello, se borran con el tiempo
porque la lluvia y el viento los sacuden
y las sandalias no dejan las huellas marcadas,
la vida es como un vacío si no se alimenta
con las energías que se proyectan en el cosmos
que con el alma y el espíritu se engrandece nuestro cuerpo
porque dejarán las huellas de ese amor eterno,
esos caminos que cruzan los senderos del alma con el polvo de estrella.

Ω

Estamos atados de pies y manos
no nos dejan que avancemos,
nos quitan nuestra libertad y se apoderan de nosotros
de alguna forma o de otra controlan nuestras vidas,
ellos son los que marcan nuestro destino y no a todos
porque está la revancha de los que no están en el sistema,
de los que no están de acuerdo
porque ven las cosas desde otro punto de vista,
la realidad de las cosas muestra otro significado
viendo las cosas desde otro punto de vista
se muestran a sí mismos.

Ω

Hemos pisado fuerte y es difícil echar marcha atrás,
lo que tenga que ser será,
hay un camino que hay que recorrer en la vida, ¿a qué precio?
¿a qué distancia se presenta en cada tiempo?,
en cada época surge lo inesperado,
en este mundo en el que vivimos es difícil controlarnos
porque hay tantas opiniones que no nos ponemos de acuerdo
tú esto y yo aquello, jamás se unirán los lazos,
siempre habrá un tira y afloja
eso no nos llevará a ninguna parte
siempre estaremos en un punto de Adán y Eva
donde desde el principio de la historia
han surgido problemas para combatir el bien y el mal
hay muchas cosas en juego.

Ω

El principio y el final de una larga espera
años tras años, siglo tras siglo
y no hemos mejorado nada, seguimos como antaño
con nuestros pros y contras,
buscamos pero nunca hallamos la estabilidad que necesitamos,
perdidos en medio de las galaxias nos enfrentamos a todas las calamidades
y aún seguimos vivos a un precio muy elevado,
nuestra vida es la que nos hace seguir luchando manteniéndonos firmes,
es la que nos mantiene unidos hasta el fin de nuestros días.

Ω

Tú y yo solos, no hay nadie que nos comprenda
caminamos por este mundo en busca de las respuestas,
caminaste por este mundo y no te comprendieron
y yo que ando por el mismo camino no aprecian el valor que demostramos,
Tú diste tu vida por ellos y yo trato de que lo entiendan
con mis versos y alabanzas voy demostrando la historia,
con los cánticos y alabanzas doy vida de nuevo a aquellos versos que se narraron,
hoy verán la luz de nuevo porque el espíritu santo vela por ellos.

Ω

La historia del ayer hoy se plasma,
hoy ha vuelto a abrir sus heridas
para que se cicatricen de nuevo
para que podamos comprender
¿qué pasó y qué sucedió en aquellos tiempos que estaban en tinieblas
y no entendieron en esos momentos?
hoy le damos vida a aquellos tiempos
que se quedaron atrapados e indefensos
y que la vida le demostró la otra cara de la moneda
porque no lo pudieron comprender porque todo estaba manipulado.

Ω

Todo sale a la luz y se está manifestado,
todo lo que está oculto sale a la superficie
de alguna forma nos identificamos con ello,
es el pasado que se remonta de nuevo
y va transformando la vida con el pasado, presente y futuro
nos va demostrando el lenguaje de lo que se ha vivido, se vive y se vivirá,
todo está conectado a esa plataforma que nos muestra el cielo y la tierra.

Ω

Hemos pasado de un extremo a otro,
de llevar las riendas a que nos las quiten
una vez más el mundo se apropia de nosotros
¿por qué razón?, la ignorancia
sólo saben su cometido,
aquí nos tienen a sus expensas.
Hay que jugar al gato y al ratón para darnos cuenta
de que todo lo que está pasando es por algún motivo,
no se sabe cuál, sólo sabemos que nos corroe por dentro las entrañas
al no decirnos la verdad, andamos desnudos y descalzos
a lo que nos viene encima.
No es lo que tenemos, sino lo que no tendremos de aquí en adelante
la confianza mutua se ha perdido
¿a qué estamos expuestos en la vida?
no es un juego, es una carta que debemos ver,
hoy en día el ajedrez ha vuelto a empezar moviendo las fichas
de un lugar a otro el mundo se ha vuelto a descontrolar
y jamás se ha jugado limpio es una forma de llevarnos a todos por la vereda.

Ω

Vivimos en un mundo extraño, nacemos y morimos
llevamos décadas y siglos refugiándonos,
el mundo nos mantiene y nos da el lecho donde dormir
y nos hemos acoplado a que nuestro sexto sentido no lo podamos desarrollar,
avanzamos tan despacio que es difícil volar
porque no nos dejan salida para emprender el viaje de vuelta.

Ω

¡Buscad y hallaréis!, con el tiempo no todo está perdido
somos conscientes de lo que pasa y habrá una manera de hallarlo,
no todo está perdido hay un antes y un después y al final todo se aclarará
pero ese intervalo de tiempo nos descontrolará y no sabremos distinguir entre el bien y el mal,
confusos estaremos porque en los tiempos que corren ya podemos prepararnos
porque lo que se aproxima de un tiempo para acá corremos el riesgo de ser abatidos,
en este mundo que nos rodea no hay que fiarse de nadie porque vienen con carita de ángel
por delante está la fachada y por detrás lo que se esconde
abrid los ojos para que no os engañen las aves de rapiña esperando a sus presas.

Ω

¡Buscad y hallaréis con el tiempo!, no todo está perdido
siempre hay alguien que está ahí esperando a que tu decidas a dar un paso más de la cuenta,
no todo está perdido, siempre hay un afloja y aprieta
sólo hay que saber como se presentan porque tiende a subir y a bajar según los ánimos,
todo está ahí a la vuelta de la esquina, piensa y recapacita
el mundo que te espera estará ahí presente para ti.
El mundo ya no es lo que era, nos esperan tiempos difíciles
hay que ser conscientes y echar agallas, no hay mal que por bien no venga,
el tiempo pasa sin darnos cuenta, así que no malgastéis el tiempo en cosas innecesarias
aprovechad cada minuto y segundo que nos da la vida que para llorar ya habrá tiempo
por como se están poniendo las cosas mejor ni pensarlo, dejadlo correr,
porque el aguan que corre al mar llegará
así que preparate, no todo está perdido
al final todo vuelve a su cauce sereno y tranquilo
porque antes de venir la calma viene el chaparrón,
mantente firme en tus decisiones y que nadie te quite tu personalidad
cada persona marca su destino y su punto a trazar.

Ω

De un tiempo para acá la vida no nos deja de dar sorpresas una tras otra,
cada día que pasa un palo tras otro y así definitivamente a cuál mayor,
¡buscad una salida!, no nos facilitarán las cosas
porque está todo controlado de un extremo a otro,
hoy en día dar un paso es retroceder al principio
porque el tiempo perdido es no recuperado
sólo queda en el subconsciente el daño causado,
un tiempo que va dejando cicatrices jamás será olvidado.

Ω

Caminamos todos juntos hacia la meta desde el mismo punto,
cada uno marca su tiempo y su espacio,
unos avanzarán y otros se detendrán a mitad del camino
porque no todos pueden aguantar las calamidades que la vida les va demostrando,
a cada paso que uno va dando el destino va cambiando
con los cambios de estaciones, algunos son fríos, otros sólidos
la resistencia depende de uno mismo.

Ω

Sólo tú puedes hallar lo que buscando está dentro de ti,
sácalo a la superficie, muéstrate a ti mismo y todo lo que hay dentro de ti sea grande
porque lo que compartas en esta vida eso se gana con honores,
haz que el mundo lo vea y que resplandezca el universo
porque el mundo necesita las enseñanzas divinas.

Ω

Estamos perdiendo la estabilidad que teníamos
a causa de un mal planteamiento
porque no hemos visto de antemano la falsedad que hay en el mundo,
no nos hemos dado cuenta hasta que no ha pasado el tiempo,
ahora el tiempo se nos hecha encima y ya no hay tiempo para las lamentaciones
hay que actuar según van pasando las cosas en el momento y en el instante
no hay que dejar que se conecten con nuestro yo y actuaremos sabiamente,
ya sabemos de que pie cojea cada uno, piensa y actúa así nos mantendremos firmes
y a ver qué pasa, ya es tiempo de dar la cara y decir basta,
todos somos personas de este mundo y de esta tierra
no hagamos algo de lo que luego nos tengamos que arrepentir, sed sabios.

Ω

Todo está cambiando delante de nuestros ojos
las cosas ya no son lo que eran, hemos perdido los valores
y ahora dependemos de ellos,
ellos mandan, ellos deciden y ellos gobiernan
¿cómo hemos llegado a este punto?
¿cómo nos hemos dejado manipular?
ahora el destino no está en nuestras manos,
ahora tenemos que esperar a que el tiempo nos favorezca
siempre hay un punto débil debemos encontrarlo,
no hay mal que por bien no venga
sabremos esperar a que se calme la tormenta
y el trueno retumbe de nuevo
y todo volverá a su sitio asentándose
pero ¿a qué precio se obtendrá?
en la vida con sacrificios llegaremos a ser libres
porque no es fácil vivir en esta tierra cuando ya se han apropiado de ella.

Ω

No dejéis que la vida os confunda
hay muchos caminos por recorrer,
el mundo en que vivimos ya sabemos como es
hay que abrir los ojos para no tropezar porque hay tantos obstáculos
que es fácil caerse o que te empujen
porque al haber tanta presión podemos perder el equilibrio
al no ver la maldad y la malicia que en el mundo hay
no nos dejan que seamos lo que en realidad somos,
la venda en los ojos no nos la dejan reaccionar
está tan apretada y tan fuerte que no nos dejan pensar,
el mundo que nos rodea es lo más falso que hay
esto no viene de ahora sino de la antigüedad,
abrid bien los ojos para ver la realidad
que detrás se esconde de cada uno
y sabremos lo que está bien o mal,
la decisión depende de cada persona, ¡pensad!
no a la ligera para ver las claves de la verdad
porque hay una verdad que nos está esperando ahí fuera
y no se rige a este sistema
va más allá de todo entendimiento,
¡buscad y hallad! y se os dará por añadidura, palabra de Rey.

Ω

Pensad y analizad las cosas antes de tiempo,
no os adelantéis a los acontecimientos,
escuchad a vuestro corazón
que él sabe las cosas de antemano,
analizad-las antes de actuar
para no haber error y equivocación alguna,
las prisas no traen cosas buenas sólo los errores cometidos,
esto te puede llevar a grandes problemas y grandes disturbios,
¡sed sensatos! no os dejéis llevar por otras conductas,
dad-le tiempo para que todo salga correctamente que para eso tenemos el pensamiento.

Ω

¿Cuándo será el día que retumben las trompetas?
¿cuándo será el día que repliquen las campanas
y la tierra retumbe bajo nuestros pies?
Ese día se realizará el inicio de lo que vendrá,
un nuevo acontecimiento se verá,
a todos nos conmoverá porque llegará el día de la resurrección,
un nuevo día se verá en el horizonte,
un nuevo retoño nacerá,
el niño que cuestionará nuestras vidas
está a punto de ver la luz,
la luz del Espíritu Santo le acompañará
porque ese niño es la gracia de Dios y protector de los hombres
donde la vida se cuestiona diariamente
al paso por esta tierra veremos de nuevo al Hijo de Dios,
el Dios verdadero se mostrará de nuevo
¡salid, corred y ved la luz que os protegerá!
vuestros corazones radiando de luz brillando como el sol
la tierra temblará de nuevo con el rugido del león.

Ω

Tu fuente de vida da poder,
la fuente que se sostiene todo el universo alimenta nuestro ser
el ser que te protege el alma aviva el fuego de nuestro corazón
manteniendo el espíritu del Dios vivo.

Ω

Vida es para el que sostiene la palabra,
la palabra que hace al hombre estremecer las entrañas,
esa palabra es vida porque la vida viene del verbo y del verbo el que yo soy
y el que es fruto de la vida.

Ω

La belleza en si se contempla delante de nuestros ojos,
vemos la magia que ella posee en este universo cósmico.

Ω

¿Qué es vida? pensamiento
porque viene del pensamiento divino
del poder de la gloria que se manifiesta en el mundo,
es una magia que envuelve el cosmos,
la voz del Padre se oye en los confines del firmamento
todo está en Él porque de Él nace ese concepto de la vida
manteniendo ese contacto del espíritu vivo que radia de luz el firmamento,
Él se va manifestando según su obra
va creciendo a lo largo de los siglos
y perdurando todo en Él.

Ω

¿Qué somos en realidad en este mundo infinito?
¿por qué se plasma de vida y con qué función actuamos en esta tierra
que nacemos y morimos en ella?
¿qué poco sabemos de todo lo que nos rodea?
es una incógnita, buscad sin parar las claves del misterios
¿qué se nos escapa?
¿qué es lo que no podemos ver y entender si delante de nuestros ojos están las respuestas?
cuanto más buscamos más perdidos estamos o buscamos en el sitio equivocado
que no corresponde a este mundo,
hay que ahondar en lo más profundo del universo
y en lo más profundo de nuestra alma dejar volar la imaginación
y transformar el mundo en algo más
porque no es lo que vemos sino lo que no podemos pensar,
es como una brisa que se siente en nuestro cuerpo
pero no se ve, sólo la caricia por un instante, la magia de ser el fruto de la vida
nos mantiene en pie por los siglos vagando por este mundo insólito.

Ω

Romper el silencio es decir las cosas como son sin tapujos,
sin miedo a lo que te digan, decir ¡basta ya! de tantas mentiras
es echar agallas a todo lo que sucede,
no hay que dejar que las palabras dañen tu sensibilidad
mantenerte firme y decir ¡basta ya!, aquí estoy yo tal y como soy
para decir las cosas que están bien o mal.

Ω

El mundo en el que vivimos ya no nos sostiene,
ya no hay ese equilibrio que nos puede amortiguar la caída,
hemos tropezado con algo grande y ahora el mundo está cayendo,
¿cómo levantarnos sin esas fuerzas con las que nos manteníamos vivos?
todos perdemos, nadie gana, en este mundo todos morimos
entonces, ¿por qué no vivir como es debido?
el tiempo corre, el tiempo vuela
sin darnos cuenta polvo y ceniza eres
sólo mantendremos esa losa con nuestro nombre.

Ω

¡Despertad! que no es tiempo de dormirse
que es tiempo de abrir los ojos,
es un tiempo de ver las cosas más a fondo
y ver el mundo que ya no es el mismo
porque lo han manipulado de tal manera que no nos damos cuenta
que el eje de la vida no es este,
no perdamos el contacto del que nos hace libres de ataduras,
el que nos mantiene a salvo,
el que murió y vivió por todos nosotros
andará de nuevo por estos paramos
en busca de lo que se ha perdido y de nuevo poder restablecerlo.

Ω

La vida no se reemplaza así que hay que dejarla que viva su tiempo
para que vivamos plenamente el tiempo señalado a cada uno,
lleva su gloria y su sacrificio a sus espaldas
déjala que siga su curso,
la vida es muy valiosa para todos
mantengamos nuestra compostura,
hagamos esta vida más placentera
porque la vida ya es dura de por si.

Ω

En la tierra permanecemos hasta que no encontremos las respuestas
estaremos ligados a ella y sabe Dios hasta cuándo
y no hacemos nada al respecto y dejamos que el tiempo lo resuelva todo,
así pasaremos toda la vida lamentándonos,
porque no somos capaces de llegar más allá de nuestros conocimientos,
nos hemos estancado y de aquí no hay quien nos saque,
debemos ser realistas, aquí sólo estamos de paso
debemos emprender de nuevo hacia el universo que nos rodea
porque somos vagabundos en esta tierra extraña
según va pasando el tiempo más nos damos cuenta
que no encajamos en este mundo y va en dirección opuesta a nosotros,
hay que despertar las emociones que nuestro corazón percibe
para el encuentro de nuestros ancestros.

Ω

La muralla se encuentra en el interior del cuerpo
atraviesa-la como una espada, harás de tu vida un refugio
y tu corazón engrandecerá tu alma.

Ω

Vuela sin descanso hacia el infinito,
busca la armonía que en el espacio existe,
en Él consiste la vida y la vida la formamos todos.

Ω

Somos como un libro abierto, pero se puede cerrar,
haz de tu vida la mejor historia.

Ω

Todo está ahí esperando a la vuelta,
no retrocedáis detrás no queda nada
porque es un tiempo pasado que no se renueva
sólo el presente existe y sólo el corazón lo sabe.

Ω

Sólo el tiempo existe y lleva toda la información,
la coge y no la suelta porque es un tesoro de gran valor
que se la lleva al redentor.

Ω

Sólo tú puedes hallar las respuestas que andas buscando
es tu pasado, presente y futuro que se elabora tu destino,
entre el bien y el mal la balanza decidirá tu cometido,
no te guardes en la manga lo que nadie sabe
pero tu corazón lo siente.

Ω

No te pierdas en este mundo porque nadie te encontrará,
pon los pies firmes para no tropezar,
el que tropieza es porque quiere
porque no está seguro de sí mismo.

Ω

De ti depende tu destino
trata-lo bien y no cometas errores
porque no acabarías bien,
tienes sólo una salida aprovechala
el día y la noche importantes son.

Ω

Todo está ahí a la espera de que suceda algo,
los tiempos están cambiando y nosotros al mismo compás,
el tiempo tiene ventaja, nosotros tenemos que abreviar,
el tiempo nos reta y nosotros tenemos que sobrevivir
nos enfrentamos a lo desconocido y el universo un misterio es,
el universo guarda en la manga lo que no nos podemos imaginar,
están llegando los tiempos de la oscuridad,
sed la luz de vuestra alma para poderlo iluminar
y así poder retarlo una vez más,
el universo y la tierra se enfrentarán de nuevo con el león y el tigre.

Ω

No tenemos nada si se piensa bien
sólo nuestro cuerpo, el alma y espíritu que se evaporarán en esta tierra con el tiempo,
lo que fuiste y lo que eres, polvo y cenizas se esparcirán por el universo.

Ω

¿Cuántos misterios aguarda la tierra sin resolver?
¿cuántos enigmas tenemos que adivinar?
¿cuánto tiempo tenemos que estar en el olvido para el regreso de su santidad?
la espera es larga, muchas cosas han de pasar
pero puede ser hoy el mañana el inicio de lo que será,
todo llega a su debido tiempo, todo está trazado y cronometrado
y Dios sabe de antemano todos los inicios que el universo nos mostrará.

Ω

Buscad y hallaréis las respuestas, sondad la tierra, trabajad-la codo con codo,
sed uno parte del otro, sed su bastón
porque el tiempo pasa, el tiempo vuela
y el cuerpo se deteriora y los esfuerzos nos traen las recompensas
con los años aprendéis con más sabiduría que lo que uno busca
se encuentra en uno mismo, porque uno mismo es la vida
y tiene que aprender a canalizar las energías que provienen del firmamento,
ser el alma que el espíritu lleva,
ser la transparencia de un mundo a otro
y sentir esas fuerzas que nos unen al Padre
ser uno con Dios, porque Dios es uno con nosotros.

Ω

Día tras día todo sigue igual y no hemos cambiado nada
seguimos como al principio, no motivamos las cosas
y nos hemos acomodado a la vida y se nos ha puesto fácil
y dejamos que la vida pase sin ningún prejuicio,
llegará el tiempo que esto se terminará,
en la vida hay otras cosas por las que pensar
no todo es de color de rosa, hay que ser realistas,
esta tierra está llena de contradicciones
y habrá un momento que no sabremos ni lo que somos
porque nos están lavando el cerebro con mentiras y engaños.
No nos engañemos, en todas las épocas ha sucedido algo
¡abrid los ojos a la realidad!, no os dejéis coger por sorpresa
algo bueno no será, en esta tierra está la telaraña hilando sin parar.

Ω

Somos la presa fácil, caemos una y otra vez en el cebo
no vemos más allá de lo que la vida nos da
porque no motivamos nuestras emociones,
no evaluamos nuestros cinco sentidos porque todo nos lo han dado,
no podemos dar un paso más del otro porque tropezamos,
la caída será fuerte porque no sabemos manejar la vida
una vida que por otra se da al terminar el trayecto,
¿por qué hemos de dejarnos llevar por las circunstancias de la vida
si cada persona ya tiene sus conocimientos y es libre de sus actos?.

Ω

Lo único que hay en esta vida es llevarnos bien,
pero es todo lo contrario sólo buscamos la camorra
y hay una distancia entre unos y otros
somos extraños y no llegamos a comprender lo,
siempre hay un tira y afloja y hay que ceder un poco,
cada uno tiene su personalidad y actúa a su manera,
queremos llevar la razón aunque no la tengamos
eso nos lleva a desequilibrarnos y poner las cosas patas arriba
y luego nos lamentamos a lo que suceda,
grandes imperios han caído y los que se caerán,
por no tener las ideas claras
vamos dando tumbos de aquí para allá,
hay que tener equilibrio para que los cimientos puedan avanzar
al peso de nuestra conciencia.

Ω

Buscamos pero no hallamos la salida de nuestro tiempo
porque estamos perdidos en medio del universo,
no hallamos la manera de hallar otros caminos
al no tener firmes los pies sobre la tierra
vamos dando tumbos sin parar
porque no sabemos en realidad que nos espera la vida,
¿en dónde estamos?, ¿qué hacemos? y ¿hacia dónde vamos?
fuera de nuestro perímetro de la circunferencia
hay otros mundos y otras galaxias fuera de nuestro contorno,
esta tierra no es el final de una larga espera
es el comienzo de la realidad que nuestro cuerpo experimentará
la transformación de alma y espíritu.

Ω

Con la palabra es con lo que nos identificamos
y cada persona se identifica con su nombre
y el nombre define a la persona
y cada persona actúa según su personalidad,
cada persona es un mundo,
cada persona busca su ideal,
cada persona obra a su vida
porque somos libres de pensar,
somos un libro abierto donde consiste toda nuestra vida
sólo hay que pensar y memorizar el significado de nuestra existencia.

Ω

Hoy estamos aquí y mañana en un lugar del firmamento,
estamos de paso y debemos adaptarnos a todos los procedimientos
que la tierra nos demuestra, tenemos que ser conscientes de que esta vida
es el reflejo de una vida pendiente.

Ω

Nada somos y nada tenemos en este mundo,
somos viajeros en el tiempo
y se trazó una línea entre el cielo y la tierra
y estaremos en ella hasta que lo logremos
con los conocimientos que nos aborda la vida,
estamos aquí en busca del sol naciente
donde al despertar de la aurora encontraremos las respuestas
que encajen a nuestro perfil,
todo tiene sus procedimientos y no estamos aquí por casualidad
tenemos que hallar la manera de traspasar los límites de la lógica,
de saber quienes somos en realidad y a qué mundo pertenecemos
porque no encajamos en esta tierra y no tenemos las medidas necesarias,
¿qué misterio se esconde tras esas murallas que nos separan
y nos impiden ver con claridad la realidad entre la vida y el misterio?

Ω

Busco más allá de los límites la composición de los elementos
y que traspasen la lógica de la vida
y me de las respuestas adecuadas
para poder hallar la realidad de las cosas
que se funden en esta tierra,
oro, plata y bronce,
todo está conectado al universo
que transmite las energías cósmicas,
todo está unido al poder del absoluto
sólo es cuestión de tiempo que utilicemos las energías
que fluyen a través del espacio,
todo está conectado al infinito y toda la materia prima,
para hallar la búsqueda hay que estar conectado con el universo
porque en Él está la fuerza que hace girar el movimiento cósmico.

Ω

Todo está ahí a que sea hallado, para hallar las respuestas,
todo está ahí en el transcurso de la vida
sólo hay que abrir el corazón y la mente
para darnos cuenta de que todo está en la mano que nos protege,
Él nos puso sobre la tierra,
Él nos transmite sus conocimientos
para que canalicemos las energías y podamos estar en un nivel más alto
y poder maniobrar los movimientos,
hay un mundo que nos aguarda al final de la estancia en esta tierra
donde el firmamento nos colmará de gloria.

Ω

Tenemos que ser conscientes de que estamos de paso en este mundo
y todo lo que hay no nos pertenece,
tenemos que dejarlo tal y como nos lo dejaron
pero con el paso del tiempo todo ha ido deteriorándose
porque no hemos sabido mantener su belleza
y no hemos sido conscientes de lo que estaba pasando,
ahora nos pide factura,
nuestro cuerpo ya no está equilibrado y ya no responde,
ya no hay suficientes energías porque está contaminado
y por falta de oxígeno nuestro corazón no respira.

Ω

Para llegar a Ti hay que recorrer muchas leguas,
hay que estar libre de ataduras
y llevar el peso necesario
porque hay que andar muchas sendas
para que nuestro cuerpo no se agote
y podamos alcanzar la meta sin ningún contratiempo
porque habrá obstáculos que nos impedirán el paso,
las zarzas y los espinos dañarán nuestro cuerpo,
hay que ser fuertes para vencer la tormenta
que se va aproximando por segundos en la posición nuestra.

Ω

Todo tiene una base donde asentar los cimientos,
en la tierra está nuestro soporte, en ella se mantiene nuestro espíritu,
manteniendo nuestras fuerzas mantendremos equilibrado el universo
y mantendremos vivo nuestro espíritu,

Ω

Estás ahí alma de espíritu, te fundes en el universo,
mantienes firme tu corazón y mantienes viva la esperanza,
Tú que anduviste por esta tierra conoces bien el mundo,
Tú sembraste y diste fruto, la flor que en corazón el universo se esparce
ese niño, flor de la vida, ansia de luz el universo,
Él conoce de antemano el dolor y el sufrimiento,
Él siendo el que es, es digno del Padre,
Él transformará de nuevo con su presencia
y está la llamada del Espíritu Santo, la llamada de consuelo.

Ω

Tú rompiste todos los esquemas
Tú navegaste por este mundo,
diste de comer y de beber a los pobres
y llenaste su corazón de gloria,
Tú abrazaste al mundo con tu gran corazón
porque tienes alma de espíritu porque Tú eres Dios,
Tú eres el más grande y soberano de toda la creación
eres el que eres, la luz resplandeció,
de ti nacen las energía, y de ti la vida es
todo lo que vemos y sentimos nace de tu corazón,
Tú eres el canal de la vida, bendito seas señor,
y de la fuente viva hemos de beber fruto de tu amor.

Ω

Tú eres la flor que resplandece junto a la aurora,
Tú que rompiste el silencio arropando a tu hijo
flor de tus entrañas el amargo dolor que penetró en tu alma
el hijo de la vida nace de nuevo,
Tú, madre del creador, supiste entender la agonía de tu Hijo,
Tú, madre inmaculada, amparanos día y noche
dando la protección que un día no supimos entender
y no supimos valorar,
los acontecimientos que la vida nos iba dando,
hoy te pedimos perdón a todas esas atrocidades,
hoy abrazamos al mundo a la venida de Cristo.

Ω

Tuyo es la vida,
Tuyo es la gloria,
Tuyo es el infinito que nos aguarda el día de la conciliación
y está al caer el juicio que se presenta,
todos estaremos ahí a la espera del gran día
donde las almas se alzarán al cielo,
donde el Espíritu Santo velará por nosotros,
todos estaremos llamados a declarar
y somos culpables hasta que no se demuestre lo contrario
porque llevamos la sombra de satanás por nuestras venas
y el dolor que por Cristo lleva.

Ω

El amor que traspasa el corazón digno es de adoración,
ese amor cautiva el alma y ese amor engrandece a Dios,
Dios es el portador de grandes esperanzas
en Él hay que confiar, puso el cielo y la tierra en nuestros pies
para que sigamos sus huellas que están postradas en la tierra y en el firmamento
poder hallar su gloria al finalizar el trayecto,
una nueva vida, una nueva tierra nos esperará
y todo será de luz en el firmamento
con los destellos que Dios desprende alumbrando el cosmos.

Ω

Todo nace a la vida, todo es pensamiento y palabra
el mundo gira en su entorno porque es la raíz del cuadrado,
Él mantiene su rotación, es el eje del movimiento,
Él hace girar la palanca para que tengamos su rotación en el tiempo,
Él es el tiempo y la pauta que maneja el eje de la circunferencia,
Él es el centro del radio y todo gira según sus movimientos.

Ω

Hazme tuya para que pueda alcanzar el firmamento,
enséñame el camino de vuelta de donde era antes,
hecho de menos mi estancia que dejé atrás los sueños de niña,
¿cómo emprender el viaje hacia las estrellas?
busco pero no encuentro la manera de regresar a mis orígenes,
trato de amoldarme a las circunstancias pero me cuesta
porque no hay manera de saber por qué estoy en esta tierra
aislada de todo lo que existe,
pasa el tiempo y aún no he aprendido nada
para desempeñar mi papel
cuantas mas vueltas doy más me alejo
porque se me están acabando las fuerzas
porque el tiempo corre, el tiempo vuela y no me queda tiempo
para fortalecer mi espíritu.

Ω

Ando perdida sin saber a dónde voy
no hay mucho donde pueda elegir,
estoy en una esfera donde el universo me rodea
y me encuentro suspendida en el espacio
esperando se rescatada de nuevo,
ellos me trajeron y ellos vendrán a buscarme
porque el tiempo transcurre y no hay tiempo que perder,
he de buscar de nuevo el cordón umbilical
para estar en contacto con el más allá
y poder analizar y canalizar el suspense de mi vida
porque estoy aquí en medio de la nada
por alguna razón me trasportaron aquí,
¿con qué motivo y con qué propósito
que ando buscando sin parar mi linaje?
escribo cosas que la vida me va demostrando literalmente.
¿en qué consiste mi vida que no dejo de buscar la canalización de mi espíritu
y la fuente del saber para hallar los conocimientos que la vida me va planteando diariamente?.

Ω

Todo está ahí a la vista pero no vemos la realidad de las cosas
nuestra mente nos confunde al no tener las ideas claras vamos dando tumbos y tropezando,
¿cuándo nos levantaremos de esas caídas para subsanar nuestro cuerpo?
¿cuándo curaremos nuestras heridas que se van agravando con el tiempo y están supurando?,
hay que cortar en seco todas las infecciones que se van generando
para mantener limpia de impurezas nuestra alma y espíritu
para ver las cosas desde otras perspectivas y desde otro ángulo
hay que tener la mente y el cuerpo equilibrado
para mantener una posición exacta de nuestro sistema inmunológico.

Ω

Sólo Tú conoces los pasos que en la vida se van formando,
Tú eres las huellas que marcaron el tiempo,
Tú eres el tiempo y la vida, y el pasado y el futuro,
el punto donde empezó todo a girar y a tener sentido,
sólo Tú traspasaste el umbral de la sabiduría enriqueciendo la vida,
Tú que con tu amor arrancaste el corazón a los hombres
haciéndoles más innumerables
porque Tú eres el camino y la vida y el mundo que nos rodea
es el punto de concentración donde el universo se contempla.

Ω

¿Quién eres que el universo te aclama?
que pusiste la semilla para que floreciera,
diste luz a la vida para que la tierra se poblará de rosas y pétalos
hoy se inunda la tierra de esas fragancias
que transmiten nuestros ancestros,
la tierra es el abono donde florece la sabia
donde la raíz y el tallo Dios nos contempla.

Ω

El camino no es otro que tu mismo,
tú eres tu propio camino y tu propia vida,
tú eres quien decide y dispone de tus actos
y el que lleva a cuesta tus errores,
tú eres tu propio mundo y contigo se acaba,
hazlo tuyo, vive para vivir tu espíritu y tú
porque al finalizar el trayecto sólo estarás tú y Dios
estudiando tu historial, no malgaste tu vida sin sentido
es valiosa a la hora de la conciliación con Dios.

Ω

Todo comienza con la palabra,
con la palabra que Dios pronunció
abrió dos mundos paralelos y el cielo y la tierra se formó,
dos mundos entre sí unidos por la gravedad
van girando constantemente en la órbita terrestre,
se miran, se contemplan viendo las maravillas creadas por Dios.

Ω

Se fue lo que amaba en este mundo,
se fue sin un adiós y una despedida,
quedó un anhelo en mi alma
y en la madre tierra descansa,
su cuerpo rígido como el mármol
descansa en su tumba y el día del mañana despertará
hacia la luz del alba.

Ω

Dios nos cubre con su manto en las noches de tinieblas,
Él acogerá a los hombres que se refugien en ella,
en ella está la claridad del espíritu con el que uno se representa,
sed la luz de tu respirar con los destellos de tu alma
y en las noches de tinieblas Dios te aguarda.

Ω

Dichosa he de ser de tener un amigo como Tú,
como Tú no hay nadie igual,
yo me siento alagada de poder demostrar lo valioso que eres para mi
porque de ti nace nuestro amor
porque tú penetras en mi corazón,
me trasladas mi ser a otro mundo
con el conocimiento y sabiduría,
Tú diste sentido a mi vida engrandeciendo mi alma
yo con tu espíritu, bendito seas señor,
yo comparto las aleluyas y alabanzas con la misma devoción que Tú
porque Tú eres mi pastor y mi guía en este mundo terrenal,
contigo no me siento sola, porque me refugio en Ti
y como una niña asustada del mundo me abrazo a Ti
con la fuerza de un ciclón.

Ω

La flor que se marchita no prospera
eligió otros caminos en dirección opuesta,
fue dando tumbos porque la sangre que por las venas corre
está manchada de impurezas,
se van pudriendo por dentro la raíz de su espíritu.

Ω

Dichoso ha de ser el que el corazón y el alma Dios contempla
porque está lleno de aleluyas y el corazón rebosando de alegría está lleno de vida
porque Dios sana sus heridas marcadas por el tiempo
levantando sus ánimos para la vida eterna.

Ω

¿Quién lo iba a decir que mi vida cambiaría?
que mi vida daría un vuelo
transformando mi ser en espíritu del espíritu del ser vivo
que me acompaña sin descanso el descanso que por Cristo viene
marcará en mi destino propia de un ángel
que transmite sus alabanzas al ritmo de una melodía,
Dios contempla desde el cielo a la Shekina
que con sus salmos y alabanzas le canta cada día
los hechos que acontecen y acontecerán
porque ella mantiene su espíritu en esta vida terrenal.

Ω

El amor que ella guarda es para toda la vida,
ese amor rompe el ama porque no es de este mundo,
ese amor no se puede comparar porque ya se nace con ello
porque los genes que ella tiene no pertenecen a este mundo
es madre y protectora del hijo que la venera.

Ω

¿Qué pasa que todo el mundo manda?
hay que hacer lo que ellos dicen,
han cogido las riendas como si fuésemos objetos
vamos como conejillos de indias al matadero,
tu opinión no vale nada a la hora de la verdad consiguen lo que quieren
les hacen creer que no vales nada como si de un trapo viejo se tratara,
te tiran y te balancean como si tu vida no les importase nada,
el tiempo nos va demostrando la falsedad de las cosas,
este mundo está rodeado de sorpresas y nos hacen dudar de todo
ellos quieren llevar la batuta y que bailemos al son que ellos quieran,
somos uno más de su estrategias, tiras o te paras.
¿ dónde está la confianza mutua?.

Ω

Estoy aquí espíritu del alma a que amanezca el día
y que toquen las trompetas al amanecer del alba
porque el tiempo transcurre y se está acercando la hora del inicio de la primavera,
todo llega a su tiempo que es esencial para todos
porque todos estamos a la espera del cambio en nuestras vidas
y se va iniciando con el Espíritu Santo,
ella dará por asentado que vendrá el hijo de Dios de nuevo transformado.

Ω

Cuando llegue el día de la anunciación estemos preparados
y que la vida dé un vuelco, no sólo se vive está vida sino la continuidad
el pasado y el presente es lo que debemos estudiar,
son tantos matices sin confeccionar
porque en ellos está la historia que está por empezar,
nuevos cambios se formarán a la nueva era
y nuevos cambios que nuestro corazón percibe a los cambios de estaciones,
todos estaremos preparados para el inicio de lo que vendrá.

Ω

Vendrán tiempos difíciles, los tiempos están cambiando
hoy damos un paso y mañana retrocedemos
no nos dejan abarcar más de lo necesario,
ellos llevan las riendas, nosotros los arreos
a ellos les abren el paso y a nosotros nos lo cortan
que mundo en el que vivimos siendo todos de la madre tierra.

Ω

Todos estamos aquí a la espera de ser juzgados
al juicio que se presenta con la abogada del cielo,
el juicio será justo porque Dios hará justicia
y Él sabe de antemano los movimientos de cada uno
nada podremos hacer delante del supremo,
Él está en el presente, pasado y futuro
porque Él es el tiempo y la vida y el que constituye la unión del cosmos.

Ω

Tu amor abrazada mi alma y enciende mi espíritu,
llenas de gozo mi vida porque mi vida te pertenece
sólo ando en este mundo buscando la libertad,
buscando la libertad que uno tiene y no acaba de llegar porque estoy atrapada
en este mundo que está lleno de maldad,
sino fuese por tu amor ¿qué sería de mi vida?
porque aquí no hay nada en este mundo por lo que se pueda vivir.

Ω

Sólo hay que entenderte como tú nos entiendes
ese amor que traspasa el alma, esos sentimientos que nos hacen estremecer las entrañas,
tú que estás en nuestros corazones, ¡ampáranos señor, libranos señor de todo mal!
que en esta tierra nos acecha,
sabemos que con tu amor podemos romper las barreras,
estamos en este mundo intentando romper esas cadenas
que nos tienen atrapados por la envidia y los celos,
¿cómo mantener ese equilibrio que se ajuste a nuestra vida?
porque vamos dando tumbos y no levantamos cabeza
siempre estamos en el mismo punto de mira
y en el mismo punto de suspensión,
cuando manejemos el eje de nuestro corazón.

Ω

El tiempo es lo único que tenemos
pero va pasando y nosotros envejeciendo
y con los años vamos adquiriendo mas conocimientos
y con el tiempo nos vamos haciendo mas sabios,
el tiempo os va marcando un destino propio de la vida,
el tiempo nos separa de una vida a otra
porque la vida nos va marcando el tiempo,
un tiempo que pasará como el rayo y el trueno,
un tiempo donde nos favorecerá a todos
porque estamos en el tiempo y en el espacio
donde el universo gira constantemente,
un mundo sobre otro nos aguarda y mantiene su estructura,
dos mundos alineados entre sí por el tiempo
fluye a través de la vía láctea.

Ω

El tiempo pasa y no nos damos cuenta de lo rápido que vuela
y así perdemos el tiempo en cosas innecesarias,
debemos hacer un pensamiento y actuar de otra forma
para que nuestro tiempo sea favorable
hay que unir las piezas que hacen falta,
para que todo esté correctamente
hay que unir cuerpo, alma y espíritu
para poder conectar con el más allá
porque en él está el emblema de nuestro tiempo,
un tiempo que transcurre y transforma a uno,
un tiempo que está limitado para nosotros,
deberíamos hacer grandes cosas al respecto con la vida
porque hay algo más que se nos escapa de las manos
el embrujo de la noche transforma a uno.

Ω

Todo es todo, y todo es la vida donde encarece a uno,
todo es todo donde el universo se transforma,
todo es Dios y Dios lo manifiesta según su obra,
Dios es único, único en su campo,
Dios con su poder lo manifiesta todo
Él es el que hace y deshace según sus pensamientos,
Él es el lenguaje de la palabra verbal y escrita
y con la palabra se define todo el contenido de la materia de Alfa y Omega.

Ω

Todo nos lleva a un mismo punto de mira,
hacia la unidad absoluta,
el que manifestó el cosmos y lo trazó a su medida
uniendo todos los puntos isósceles,
el universo se transforma en espiral
donde va girando sin cesar hasta el punto principal de la galaxia
donde van en rotativa y se mantiene en su posición
manteniendo el universo en órbita
con los nueve componente y los cuatro elementos,
la tierra es parte de ese trazado, de ese punto paralelo donde habita Dios.
Por encima de todas las cosas hay un mundo incontrolable
que nadie puede percibir, Dios controla todo el cosmos
con las medidas exactas donde no hay errores. ni equivocaciones
con la máxima precisión del poder absoluto...Dios.

Ω

Todo está controlado, lo que no nos controlamos somos nosotros,
nosotros no hacemos las medidas con la misma precisión,
no controlamos el tiempo, el tiempo nos controla a nosotros
siendo el tiempo geometría y el que lo elabora todo,
es un tiempo estipulado que nos mantiene unidos
tiempo y vida se une a ese movimiento cósmico.

Ω

En cada movimiento de mi vida no dejo de pensar en Ti,
Tú has llenado mi alma y has engrandecido mi corazón,
has elaborado mi vida con gran precisión,
le has dado un vuelco a mi vida porque mi vida eres Tú
porque Tú eres parte de mi ser y yo me inclino ante Ti
de Ti nació el amor y ese amor florece dentro de mi.

Ω

Quiero empaparme de Tu sabiduría y rociarme de tu amor,
quiero encender esa chispa que arde dentro de mi
y corre por mis venas el fluir de la vida eterna,
todo lo que mi vida representa me lo has dado Tú
y yo quiero demostrarte lo orgullosa que estoy de Ti
y con los salmos y alabanzas le doy gracias a Dios.

Ω

Él me ha puesto en este mundo y yo seguiré sus pasos
caminaré por valles y sendas buscando la resurrección
en algún lugar del universo se halla la solución,
hay que buscar los matices con los que se identifica Dios
hay que buscar las huellas que se identifican con Jesús
que postradas en la tierra están con el sacrificio por nuestro amor
ese amor con el que se mostró proviene del más allá.

Ω

Ese amor no tiene límites, llega a lo más profundo de tu ser
penetra en el corazón fluyendo a través del espíritu de Dios

Ω

Dios controla cada paso que das,
Dios vigila tus movimientos,
sabe donde estás en cada momento,
Él es el que vela por ti,
Él está día y noche a tu lado y no descansa nunca,
Él tiene alma de espíritu
y sabe que algún día tú le seguirás
por los senderos de la vida.

Ω

Él conoce a cada persona de este mundo,
sabe el camino que vas a tomar,
Él no pregunta, sólo está ahí a que no cometas errores
pero tu tienes el libre albedrío y las decisiones las decides tú,
para bien o para mal.
Piensa y actúa detenidamente, el tiempo está a tu favor,
deja que la brisa atraviese tu corazón.

Ω

La verdad nos hace libres,
la verdad mana de Dios,
la verdad y el amor se une al verbo
y el amor y la verdad están con vos,
trabaja tu mente y tu espíritu hacia la luz que te ilumina
hallarás con todas tus fuerzas el impulso
con el que Dios te creó.
En Él está la vida hazla florecer
que el amor y la verdad parte de Dios.

Ω

De Él desciende la vida y de la vida nacemos todos,
todo está unido al Padre y Él lo manifiesta todo,
somos un reflejo de su alma que su energía resplandece,
somos de un sueño que Dios está despierto
donde la realidad existe con otros términos,
la vida consiste en valorar al Padre
porque así Él nos creó a su imagen y semejanza.

Ω

Tú que me conoces sabes como soy,
sabes de antemano lo que voy ha hacer,
sabes mis pensamientos y como van a actuar
guíame por el buen sendero para que mi corazón no flaquee,
de ti parte mi corazón y fluye a través de mis venas
la fuerza de tu espíritu que me acompaña en la vida.

Ω

Para llegar a ti hay que conocerte bien
hay que seguir tus pasos y no detenerse,
no hay que hacer una pauta en el camino porque te puedes desviar
en ese tiempo puedes olvidar los motivos que te llevan a cabo,
los caminos pueden tener dificultades y retrasarte
no pierdas tu confianza al que te tendió su mano,
para seguir tu viaje tienes que tener todas las cosas bien atadas
para que tu vida continúe por el sendero de la vida.

Ω

En mi corazón guardo el amor que por Cristo es
el amor que atraviesa el alma fluye a través de ti, de tu espíritu
nada es comparado con el amor que Tú das
porque en mi guardo esa sensación de júbilo
y hay un universo esperándome dentro de mi corazón
las ansias de ser amada es la ausencia de tu amor,
grande es el que me crió y grande es su amor
puso sobre la tierra el vino y el pan
para satisfacer a los hombres de su infinito amor.

Ω

Dadme y recibiré y yo complacida lo obtendré
haré de ello el camino que fue
un camino de rosas perfumando-te,
Tú eres el jardín donde floreció el amor,
Tú eres el espíritu que se consagró a Dios
hijo del altísimo corazón transmitiendo sus energías
abrió un camino a la liberación del alma,
alma, corazón y espíritu se transforman en un ser de luz,
la luz que nos ilumina, Cristo Rey es.

Ω

Venid a mi, os espero.
Venid a mi con los brazos abiertos,
venid a mi donde podáis apoyaros
porque yo soy el bastón donde se sujeta el firmamento,
yo os haré fuertes a vuestras caídas para llegar a Dios,
hay que caerse y levantarse como las catorce estaciones
como Jesús, Él marcó sus heridas,
con el paso del tiempo subsanó su amor
que en nuestros corazones penetra en abundancia,
Él nos dio el fruto de su amor,
Él es la imagen que en nosotros está,
dad y se os dará por añadidura.

Ω

Tú amor es infinito, no tiene fin,
llevas las energías hasta los confines del firmamento,
Tú narras la historia a la perfección,
Tú has trazado el universo con gran precisión,
como Tú no existe nadie que tenga un amor tan grande,
sólo Tú eres la pura imagen de tu amor
¿cómo traspasar los límites de ese amor que nos embruja?
¿cómo analizar las energías que abundan en Ti?
para ser patriotas del cielo hay que conectarnos a Ti
llevas la fuerza del más allá que te hace ser invulnerable,
es la fuente del saber la que proporciona toda la información
de Ti radia la luz el Espíritu de Dios.

Ω

Tú me enseñaste a ver la vida de otra forma
verla con los ojos del alma,
sentir el palpitar del corazón
sintiéndome libre como la paloma,
Tú me has liberado el alma
has hecho de mi la persona que soy hoy
porque de Ti nació el amor y ese amor perdura en mi.

Ω

Trato de entenderte paso a paso
pero mi vida en sí es lenta, no capto las cosas al momento
pero tengo paciencia, pienso las cosas detenidamente
porque me cuesta encajar las palabras por la pronunciación
pero al final consigo lo que me propongo a base de esfuerzos
todo tiene un aprendizaje y ese aprendizaje eres Tú,
porque Tú me has dado la palabra con la pronunciación,
con salmos y alabanzas voy aprendiendo el lenguaje de tu amor.

Ω

Llegaste a mi cuando mi vida aún no había comenzado
como una niña asustada fui creciendo en el seno de una familia,
me diste lo mejor del mundo
no abandonarme nunca, estuviste cerca de mi
amparándome día y noche y mi amor fue creciendo contigo
y ahora te estoy demostrando lo grande que es para mi el universo,
parto de esa base, cuerpo y espíritu,
dos mundos paralelos entre sí que encuadran mi vida,
dos mundos enlazados entre sí ocupan mi espacio
yo siendo quien soy la niña de tus ojos
con los salmos y alabanzas aclamo al cielo,
Tú eres mi protector de este mundo y en ti confío plenamente.

Ω

¿Quién soy que aún no encuentro mi lugar en este mundo?
trato de adaptarme pero aún no lo he logrado
y no puedo relacionarme con nadie
porque mis pensamientos están frustrados y están confusos
porque cuesta encontrar la lógica cuando partes de dos bases,
tierra y cielo se une al espacio infinito
cuerpo, alma y espíritu vuela como el viento
hacia la base de la sabiduría del conocimiento,
todo está ahí para ser hallado y encontrado el asentamiento,
todo lo que soy mi maestro me lo ha enseñado
su sabiduría e inteligencia va más allá de lo que conocemos y vemos,
un infinito fuera del cosmos es lo que representa la vida
pero la vida es otra hacia nuestro entendimiento.

Ω

Volad hacia los confines del firmamento
no mires atrás que atrás ya no queda nada
se va en el tiempo que Tú partiste
y dejas la sombra de tu pasado,
tú eres la luz y la sombra que te persigue allá a donde vayas
el tiempo está ahí hasta que tú rompas el lazo que os une
todo empezará a una nueva vida,
a un nuevo ciclo de tu existencia con el espacio infinito
todo lo que has sido se renovará de nuevo hacia un nuevo destino
hacia una realidad infinita, este mundo es parcial
la vida continua más allá de las estrellas,
un mundo donde no hay sorpresas,
un mundo donde fascina a todos
este mundo es el contraste de la belleza oculta.

Ω

No nos engañemos este mundo no es como lo soñábamos
queda tras un pasado oculto, tras la caída del imperio
llevamos arrastrando varios siglos
y hasta que no esté todo acoplado y se vea la realidad
no estaremos ausentes de ello,
no seremos nada y no tendremos nada
hasta que no obtengamos la paz en nuestro interior
no podremos trazar nuestra meta hacia el destino que nos depara el futuro,
hay que limpiar el pasado de todas las indulgencias,
hay que ser fiel a nosotros para ser conscientes de nuestros actos
y así poder limpiar el buen nombre
porque en la caída del imperio quedaron las incógnitas
de un pasado que se remonta hacia la edad media.

Ω

Alcanzaré mi objetivo porque mi objetivo eres Tú,
Tú labraste mi corazón y ahora yo tengo que sembrarlo de tu amor
cultivar la semilla y hacerla florecer,
ese es el camino que he de recorrer para ofrecérselo a Dios
y dar ejemplo de su amor.

Ω

El pasado se remonta a la edad de Cristo,
un pasado que dejó las huellas marcadas por el tiempo,
unas heridas que jamás cicatrizaron porque el tiempo no olvida
porque sentimos la culpabilidad de un hombre inocente,
¿cuánto tiempo más tendremos que aguantar esa caída
para poder levantarnos para que Dios pueda perdonarnos?
por que lo que hemos hecho ha sido lamentarnos,
ya es hora de ver con claridad los hechos y destapar lo que oculto está
¿qué paso? ¿qué sucedió en ese tiempo en el que el velo se rasgo
y Dios se indigno con nosotros?
pero ahora estamos a tiempo de enmendar nuestros errores
y de acabar con nuestras batallas
que inconscientemente se van formando,
tras la caída vendrá el levantamiento,
los hechos del pasado inundan hoy los recuerdos,
unos recuerdos que son ficticios.

Ω

La verdad, ¿cuál es la verdad?
la verdad proviene de Dios y Dios es la verdad
el que viene a mi al Padre va,
en el Padre está la fuente del saber y está todo su poder,
en Él manan todas las energías,
Él es el punto de concentración
donde fluye la canalización de ese amor verdadero,
todo lo que hay en Él es todo bondad,
Dios transformó el universo en algo más, dio vida al despertar,
hizo de la nada la luz que resplandeció
de esa luz nació la vida y todas las constelaciones giran alrededor del sol
manteniendo su rotación en el tiempo,
Dios a su paso nos va demostrando esa verdad absoluta
que mantiene con su espíritu la fuerza del amor
que traspasa la lógica de la vida
y Dios es el que es, el espíritu verdadero.

Ω

Miremos a donde miremos no hay nada
sólo hay la imaginación,
sólo vemos lo que queremos ver,
detrás del telón no queda nada
porque la muerte se lo lleva todo.

Ω

Al ser del Padre al Padre vamos
Él nos enseña el camino de vuelta,
estamos perdidos en el espacio lejos de todo contacto,
estamos al raso, al intemperie esperando a que suceda algo fuera de lo común
no tenemos iniciativa propia,
sabemos que de este mundo es difícil salir
adaptarnos nos cuesta porque no es lo que uno espera de este mundo,
estamos atados y confusos porque no hallamos la realidad
porque ¿cuál es la realidad en sí si sólo nacemos en este mundo
y todo lo que sabemos es porque nuestro corazón y la mente lo percibe?
sabes que hay algo más, más allá del infinito aguardándonos después de la muerte
todo tiene lógica si nos conectamos con el Padre.

Ω

Del Padre vengo, al Padre voy
porque estoy conectada con el corazón,
Él me dio la vida y yo le daré mi despertar
porque el sueño de la vida es volver a comenzar
en el lecho de la creación
donde mi vida se forjó con el Padre,
Él en el cielo y yo en la tierra labramos nuestro amor
que perdurará por los siglos y se clava en el corazón ese amor perpetuo,
ese amor no tiene palabras sólo sentimientos que atraviesan el cosmos,
ese amor eleva a uno a los cielos.

Ω

Es difícil en los tiempos que corren
porque el tiempo no para, estamos en un laberinto de las desdichas,
estamos ausentes de la palabra
porque vivimos en otros tiempos y no reaccionamos en el momento
y perdemos la estabilidad de nuestro cuerpo
porque no alimentamos lo suficiente a nuestro espíritu, nuestro yo y a nuestro ego.

Ω

Estoy aquí espejo del alma y espíritu de mi corazón
ampara mi alma y abrazame con todo tu amor,
haz que mi vida brille con todo su esplendor
y que en esta tierra pueda alcanzar el grado superior
porque los salmos y alabanzas son dignos de Dios.

Ω

Espera que aún no es tarde para ver las constelaciones divinas,
espera que el mañana se acerca y todo será diferente
porque el mundo está cambiando y nos está demostrando la próxima venida
con la llegada del Espíritu Santo se alcanzará una nueva era,
un nuevo reto, una nueva esperanza
porque el mundo está cayendo a un precipicio,
hay que ver las cosas con otro punto y con otro ángulo,
con otra mirada y con otras perspectivas.
El mundo no dejará de girar
y nosotros debemos avanzar hacia otro ángulo de la vida,
todo está ahí esperando a que suceda algo,
para dar un paso hacia la renovación
tenemos que hacer un cambio
que nos transmita los conocimientos necesarios
para encontrar la lógica de nuestra procedencia,
hay que mantener el espíritu en posición de nuestra alma.

Ω

¿Cuándo será el día en que nuestra vida de un vuelco?
que veamos las cosas con otro semblante y con otras realidades,
este mundo no es lo que es, sino lo que fue en su día
un planeta girando alrededor del sol,
¿cómo nos manifestamos en él?
¿Con qué propósito estamos aquí?
¿quién nos condujo a esta tierra y qué fue de nuestros antepasados?
todo es un misterio que encierra la vida,
cuanto más buscamos mas perdidos estamos,
no llegamos a ninguna conclusión
y el tiempo sigue ahí pero no lleva la información que necesitamos
porque no hemos avanzado nada,
perdidos en el tiempo nos hallamos
¿cómo contrarrestarlo?
por alguna forma estamos en esta tierra
¿cuál es la causa y cuál es el motivo?
estamos suspendidos en el espacio
todo gira a nuestro entorno,
¿qué hay ahí en ese espacio abierto?
todo son teorías y conjeturas.
¿qué hay fuera de la esfera terrestre?
un mundo paralelo al nuestro pero no invisible a los ojos de Dios.

Ω

Dios se manifestó y dio pruebas de ello
hay un mundo tras de sí que nos aguarda,
hay un espacio infinito aguardándonos
aunque no lo vemos eso no quiere decir que no exista,
hay que dar tiempo al tiempo
para que se manifieste de nuevo la providencia divina.

Ω

El pasado queda atrás pero se remonta en este tiempo,
un tiempo que estaba perdido pero se está recuperando
a raíz del tiempo surge lo inesperado, le da la vuelta a la matriz
y queda todo al descubierto,
una mente privilegiada traspasa esa conciencia,
en ese parto se transformará de nuevo la vida,
la vida es un sustituto para la muerte
y la muerte para la vida
porque de la raíz proviene la sabía del nacimiento de la vida,
Espíritu del alma, mujer en la tierra
abre el infinito llenándolo de gloría.

Ω

Amaneció un nuevo día lleno de amor y de felicidad
porque ha entrado la luz al nuevo despertar,
hoy nace de nuevo la vida,
hoy el espíritu se consagra a Dios
hoy mana del universo la fuerza del gran poder.

Ω

Bendito seas señor porque del cielo tú has de venir
postrado de nuevo en la tierra nos mostrarás lo que no supimos ser,
el espíritu que atraviesa el cosmos, el amor que el infinito da
amparanos en la vida con tu bondad,
el amor que encierra la vida se puede despertar
ese amor lleva las iniciales de Jesús de Nazareth,
hoy el mundo se pondrá a sus pies como niños recién nacidos
amamantando-los con su amor
porque perdidos en la sombra nos hallamos
y no nos deja crecer el espíritu del Dios vivo.

Ω

Todo es aquello que cada uno representa,
somos de la alta cuna donde el universo nos mece,
somos todo aquello que la palabra lo define,
la palabra es amor y amor es palabra
donde se funde el lenguaje y los hechos circundantes,
la palabra nos va demostrando la faceta de cada uno
porque cada uno va transmitiendo las expresiones de la vida,
todo es aquello que Dios lo manifiesta
estamos en una bola de cristal donde por fuera se ve todo
y Dios maneja esa esfera,
el universo está compuesto de pequeños fragmentos.

Ω

Cada uno se representa a sí mismo,
a la hora de la verdad delante del Padre
será juzgado con las medidas necesarias
según sus actos y sus obras,
Dios conoce de antemano todos nuestros procedimientos,
sabe los pros y los contras y como se hayan producido,
libertad o encierro,
eso ya depende de cada uno
porque tenemos la vida por delante
y un sueño para realizarlo.

Ω

Vida, ¿qué es la vida?
pensamiento, amor y palabra
todo se funde en una cosa, el verbo.
Dios es la vida en sí, la vida propia
en Él se funden todas las ideas que en el firmamento existen,
Él es el que transmite toda la sabiduría y conocimientos,
en Él está el portal abierto de la vida
el que la encarece, el que la enriquece,
vida es la válvula del corazón
donde se conectan todas las energías que provienen de Dios.

Ω

Hallar la vida más allá de nuestro ser
donde la palabra se funde en pensamiento
porque la vida es un pensamiento creado
que Dios manifestó dando vida al comienzo,
transformó la vida en algo más,
la vida es un icono,
es algo más que respirar,
la vida es parte de sí mismo
es parte de esa realidad,
la realidad que no vemos
va más allá de nuestros sentidos,
es un instante que Dios nos da
al encuentro con lo desconocido,
es un peaje para la eternidad,
hallar la vida es encontrarnos con el Espíritu Santo.

Ω

Que poco se vive la vida y como la malgastamos
y cuando pasa el tiempo nos damos cuenta
de lo poco que hemos disfrutado,
el tiempo nos da una lección y nada aprendemos de ella
estamos tan ciegos que no vemos la realidad de las cosas,
cuando la tenemos delante se nos nubla la vista
y todo lo que vemos es la sombra de nuestra silueta.

Ω

La flor que se marchita nunca prospera
porque han dejado que se pierda la flor que la vida da,
se deshojarán sus hojas y no crecerán
porque no supo mantener el abono que Dios les da.

Ω

Estoy aquí para complacerte,
estoy aquí para adorarte,
Tú me has abierto las puertas
y yo te invito a que entres,
Tú has extendido tu mano antes de que yo te la diese,
¡Hay Señor cuanto amor guardas en tu alma!
y cuanto amor ofreces a este mundo,
cuanta sabiduría hay en Ti que se ilumina todo el firmamento.

Ω

Para llegar a Ti hay que recorrer muchas leguas,
hay que andar los caminos y limpiar las zarzas y los espinos,
hay que tener alma pura para no dañar nuestro cuerpo,
hay que sacudir el polvo de nuestras sandalias
para que en nuestro cuerpo se refleje la silueta de nuestro espíritu.

Ω

Flor de la vida que rompiste el silencio
que muestras al mundo la verdad que el mundo tiene
con tu aroma vas floreciendo y con tus lágrimas vas regando la tierra
para que se asiente el polvo y se puedan ver las huellas
que se clavaron en la tierra,
esas huellas pertenecen al hijo de la providencia
y Tú las contemplas por que son parte de Ti y parte de la vida,
el espíritu que las transforma en polvos celestiales.

Ω

Sólo Tú puedes arrancar el corazón del alma
porque tu amor atraviesa todos los horizontes,
Tú has mostrado el verdadero amor
y nos has enseñado un camino más allá de las estrellas
donde está la sabiduría y el amor eterno,
Tú con tu amor mostraste al mundo a no tener miedo
para llegar a la cima y dar un paso más al frente,
hay que tener los cinco sentidos para valorar la vida
nos está demostrando la belleza de sí misma y el amor infinito,
Tú sólo Tú conoces divinidad de los hombres
y el dolor que por ellos se siente
porque Tú eres la raíz y el tallo donde el aroma florece.

Ω

El amor que guardo en mi corazón es para toda la vida
ese amor va creciendo a raíz que pasa el tiempo,
se va haciendo más grande porque lo voy alimentado con la palabra
que se fue manteniendo del Padre al Hijo,
ese amor traspasa el corazón
no tiene fin y carece de sentido,
ese amor lleva las credenciales de ese amor eterno,
por ese amor se da la vida
y por ese amor se vive eternamente.

Ω

Todo lo que soy y todo lo que tengo nace de Ti
porque Tú eres mi ser, el ser que llevo dentro
transforma mi vida, la llena de gozo y alivia mis penas,
ese amor arranca de mi corazón el espíritu que atraviesa el alma,
ese amor es el que llevo conmigo desde los tiempos mas remotos.

Ω

Todo está ahí en mi pensamiento,
todo está ahí en mi memoria,
todo está ahí encauzando con la vida,
todo está ahí como la noche y el día,
todo está ahí manteniendo el orden de la rotación del tiempo,
todo está ahí en un sólo patrón
donde se dibujan las pinceladas donde Dios trazó el cosmos con la simetría.

Ω

Todo es tan perfecto que todo encaja a la perfección,
todo está alineado y encajado con gran precisión
cada punto y cada detalle nos muestra su valor,
nada es tan perfecto como lo que Dios creó,
hizo un mundo paralelo al nuestro
creando el ángulo de la vida
y todo lo que consiste es gracias a su amor
transformó de la nada un paraíso bajo sus pies.

Ω

Todas las cosas tienen su espacio
porque todo está controlado,
todo gira alrededor del sol
manteniendo las cosas en su posición,
el universo está en un constante movimiento
con el eje del movimiento cósmico,
con cada movimiento, con cada rotación se mantiene el tiempo
todo está alineado entre sí en perfecta armonía,
todo está ahí esperando a la tormenta y el trueno
para tocar la sinfonía del cielo
que nos transmitirá los cánticos celestiales.

Ω

Somos de la fuente viva del poder del Padre,
Somos de la canalización divina del divino corazón,
somos portadores de grandes mitos
y somos el lenguaje de la civilización,
somos todo aquello por lo que se creo en el espacio infinito
muestra de su gran amor Dios se manifiesta en todas las cosas,
todo parte de una base, el punto de suspensión
donde abarca todo el perímetro de la creación,
Dios es el punto de la evaluación donde se muestra su poder
Él es el que hace y deshace todo lo que está mal,
Él es el que mantiene el cosmos en perfectas condiciones.

Ω

El poder hace la fuerza y la fuerza el poder
el que controla el mundo controla todo,
todo está en sus manos, la decisión de un pueblo
no es fácil tener a un pueblo unido
porque cada uno actúa y piensa de diferente forma.

Ω

Busco para hallar el sendero de la vida
el que corresponde después de la muerte,
el que atraviesa el umbral de las estrellas
y en el que habita más allá del firmamento,
todo está ahí a la espera de ser hallado
pero hay un tira y afloja en este mundo insólito
no permitirá que nuestro cuerpo se eleve a los cielos
porque está atrapado entre la falsedad donde el engaño fue fortuito,
¿cómo hallar la salida para que no nos perjudique?
sacar de nuestras entrañas el que corrompe nuestro cuerpo,
sombra de satanás no malgastes tu tiempo
tu tiempo se termina y ahora empieza el tiempo de las nuevas generaciones
donde todo es poder y gloria hacia el universo que nos espera.

Ω

Sólo Tú puedes aliviar mis penas
mi vida va a la deriva y no tengo timón ni remos
y me hallo en alta mar perdida,
no tengo la orientación de donde me sostengo
doy vueltas y vueltas sin parar porque en el mar no hay brújulas,
sólo sostenerme para no hundirme.

Ω

El mundo está lleno de zarzas y espinos,
camines por donde camines dañan tu cuerpo,
es difícil traspasarlo porque sus espinas se te clavan
¿cuándo será el tiempo de que esas espinas se emblandezcan?.

Ω

Nada ha cambiado todo sigue su curso
el tiempo pasa y todo continua igual
no hemos avanzado nada en estos tiempos
y nos estamos dejando llevar hacia un destino impropio.

Ω

Lo que más quieres te demora y nada puedes hacer,
todos pasamos en este mundo por lo mismo
y no hay manera de cambiarlo
tres generaciones abarcan tu vida
y tres generaciones que se interrumpen,
¿cuando será el tiempo en el que todas se unan a una sola causa?
el amor que traspasa el corazón se funde en la materia
porque ya no hay ese amor que corre por las venas.

Ω

Todos llevamos en este mundo la cruz a cuestas,
todos pasamos por penurias y calamidades
sólo hay que saber afrontarlo día a día
para que en nuestro cuerpo no nos deje secuelas
porque las heridas serán más profundas y difíciles de subsanarlas
hay que adaptar nuestro cuerpo a las generaciones futuras
para hallar el antídoto de nuestra sanación.

Ω

El pasado queda atrás y se remonta en generaciones
el tiempo va transcurriendo y el mundo nos está acechando
y los valores se van perdiendo y no hay nada que nos motive
porque ya no sentimos esas sensaciones que la vida nos va demostrando
se pierde el sentido de la vida, el palpitar del corazón
las ansias de vivir nos ahogan y las palabras están mudas.
No conocemos el vocabulario por causas ajenas o desconocidas
perdemos el valor de las cosas lamentándonos todo el tiempo,
vivir la vida es vivirla plenamente,
hay que motivar las emociones que el universo nos plantea.

Ω

El mañana llegará cuando menos nos lo esperamos
porque el tiempo corre y el tiempo vuela
y cuando nos demos cuenta se nos hecha encima,
hay que mostrar al mundo las facetas de la vida,
hay que encuadrar el pasado con el presente
para que nos de las claves exactas
con el movimiento cósmico todo está evaluado,
todo está en el punto de concentración,
todo está constituido con la palabra de Dios.

Ω

Estamos aquí en medio de la nada,
estamos aquí a que nos rescaten,
estamos aquí esperando para la huida
porque este mundo partirá de cero,
hay que ser conscientes de que este mundo no nos pertenece,
hay que abrir las alas para volar al firmamento,
hay que tener alma de espíritu para poder elevarnos a las alturas.

Ω

Se fue el espíritu del alma, su cuerpo tendido sobre la tierra
traspasó el umbral de la vida y su cuerpo descansa eternamente
tras los pasos por el sendero Dios le aguarda.

Ω

Sólo se está de paso y tú has traspasado las barreras,
has visto la luz del infinito y Dios te acoge en su morada.

Ω

Echaste a volar sin detenerte el espíritu del Dios vivo te acompaña
en el camino de regreso a casa donde descansarás eternamente.

Ω

Estuviste en esta tierra y ahora te marchas pero dejas en este mundo
la fragancia y el elixir de tus hijos, que Dios te bendiga.

Ω

No estarás solo en el trayecto de vuelta porque desde el mismo instante
la luz del universo guió tus pasos hacia la vida eterna.

Ω

Todo llega y todo pasa pero tu camino no se borra
porque dejas en esta tierra lo que más quieres,
la huella de tu alma.

Ω

Silencio, sólo hay silencio en el lecho tumbada,
no se mueve, no respira
entre sábanas blancas cubre su cuerpo para el descanso eterno.

Ω

El mañana nos unirá a ese tiempo que transcurre,
irá transformando la vida a cada minuto y segundo
nos va demostrando lo importante que somos,
somos del mañana, de un mañana de un legendario.

Ω

No dejo de pensar en el universo que nos espera en el mañana,
un mañana lejos de este mundo insólito
partiremos hacia otros horizontes donde Dios nos aguarda,
donde su morada nunca se acaba,
se extiende por todo el perímetro de la circunferencia
y no tienes fin, eres la vida y en esa vida consiste todo su reino,
hay un lugar donde consiste todo su patrimonio
y su corazón va más allá del cosmos.

Ω

Mi corazón lleno de angustia de no poder estar a su lado
pero sé que Él me esta aguardando y espera que cumpla su voluntad,
estoy en este mundo a la merced suya
porque Él hizo de mi la persona que soy,
en mí habita su espíritu y yo las gracias le doy por confiar en mi
yo mi vida le doy, cuanto amor hay en mi corazón que añora la ausencia de su alma.

Ω

Busco en lo más profundo de mi ser el amor que guarda mi alma,
el amor que habita de mi ansia de vida
porque el amor que atraviesa mi corazón fluye a través de mi espíritu.

Ω

La flor que no se marchita es perfumada por Dios,
está regada con su esencia que Él derramó con sus lágrimas
penetra en su alma bendiciéndola, la flor más pura que Dios concibió,
Él muestra al mundo entero la Madre de Dios.

Ω

La flor que no se deshoja pura y virgen es,
es la flor de la vida que Dios ha puesto en pie sus bendiciones.

Ω

Ella traspasa todas las emociones del mundo,
conoce la divinidad de los hombres,
ella, niña y madre conoce el dolor de la muerte,
ella vio traspasar la lanza a su hijo
pero ella dará constancias de su amor verdadero
que le arrancaron de sus entrañas el hijo predilecto,
el hijo del Dios vivo que sorprendió a mundo,
ella dará a conocer lo que no supimos entender en su día
que el hijo de Dios es uno y Él es que es, único y verdadero Rey.

Ω

Madre de todas las madres, hija del altísimo
hoy proclamas a los cielos la bendición de los hombres,
ella dará constancia de ese amor verdadero
lleva en su corazón el amor de Cristo,
ella concibió del Espíritu Santo al hijo del Dios divino
y como protectora protegerá a sus hijos de las injusticias que hay en la tierra,
ella como madre quiere lo mejor para sus hijos
bendita seas que viniste del cielo a sufrir por tus hijos
cuyo amor proviene de tu hijo bien amado
el que colmó de gloria al mundo entero
sacrificándose por nosotros cambió al mundo.

Ω

Tú eres el camino, yo soy la rosa,
Tú eres el errante que vas abriendo las sendas
vas marcando tus huellas por donde vas caminando
esas huellas de amor van marcando un destino hacia el infinito
para que nosotros procedamos hacia las estrellas,
con el alma cuerpo y espíritu transformados
daremos constancia de ese amor verdadero
con salmos y alabanzas al señor cantaremos
y en la buena nueva ahí estaremos.

Ω

Te añoro a cada instante, el amor que guarda mi espíritu,
el ser que me dio la vida amparando mi alma
todo en mi fluyen esas energías que transmiten sabiduría y conocimientos
porque lleva la esencia de ese amor verdadero,
ese amor penetra en mi desde las entrañas del firmamento
rompiendo todos los esquemas
doy sentido a mi vida porque parto de una base del Dios divino.

Ω

Somos del árbol que fruto da,
somos del árbol que en la tierra se plantó,
somos de la esencia que Dios creó
y que el universo nos contempla día y noche sin cesar
y el firmamento colmando de gloria está.

Ω

No dejo de pensar en el mañana, ¿cómo serán nuestras vidas?
¿cómo nos acoplaremos a los nuevos cambios?
porque el universo va girando
y nos va proporcionando grandes acontecimientos,
estamos en un punto de grandes metas
de dar un paso al frente sin haber obstáculos,
hemos acoplado a la vida ese amor constante
que nos transmite paz, amor y estabilidad
en este mundo terrenal.

Ω

Estad atentos a ese día que no será un día cualquiera
nos esperan grandes acontecimientos
porque la venida del Padre está a punto de manifestarse,
tocarán las trompetas al nuevo día que amanecerá
bailarán el sol, la luna y las estrellas
dando la bienvenida al nuevo despertar,
todos estaremos esperando esa nueva concepción
y al mundo de nuevo la gloria vendrá,
se está acercando por minutos la luz que resplandecerá
bajo la mirada del universo.

Ω

Llora mi corazón ausente de Ti
tu amor que atraviesa el corazón ansia de verte,
no puedo vivir sin Ti porque apagas la sed de mi alma,
fluye a través de mi ese amor constante
todo lo que soy manan de Ti esos sentimientos
que hacen estremecer a uno el alma.

Ω

Luz de mi vida, luz de mi corazón amparas mi alma
no me dejes en esta tierra de tinieblas y guía mis pasos por la senda de la vida,
no dejes caer ahora mi cuerpo, haz que se sienta libre de todos los perjuicios,
sólo Tú puedes ahuyentar los malos espíritus,
sólo Tú puedes darle a mi corazón la paz interior que guarda mi alma
siendo Tú el portador de mi espíritu.

Ω

Abrazame con todas tus fuerzas y no me sueltes,
dale a mi corazón el amor perpetuo,
ese amor que atraviesa mi alma y arde como el fuego
la llama del amor divino
y que corre por mis venas la sensación de espíritu que ahoga mis entrañas,
hay ese amor divino que no tiene palabra
y se clava en el corazón y penetra en mi alma,
es la fuerza del saber que colma mi espíritu
es el hijo de la vida que le da sentido
a esos salmos y a esas alabanzas
que arropan mi cuerpo llenándolo de jubilo.

Ω

Todo tiene su tiempo y todo pasa según su cometido,
todo está trazado meticulosamente y no tiene fallo,
está estudiado con gran precisión,
el gran maestro traza sus líneas al compás
para unir el firmamento en geometría,
todo tiene que tener sentido para que tenga vida,
todo se mueve a través de su espíritu,
todo cobra sentido, su espíritu da vida
y el corazón en el cosmos donde palpita constantemente
el fluir de las energías que Dios desprende
para mantener en órbita el cosmos
tiene que existir la magia en él.

Ω

Partimos de una base y esa base es Dios,
Dios son los cimientos donde empieza todo,
todo empieza por una base
y en esa base prospera todo,
de esa base se mantiene el cosmos
y da cabida a las constelaciones divinas,
esa base mantiene los planetas en órbita
y de esa base se inicia todo el proyecto.

Ω

Para vivir en esta tierra hay que encuadrar el sistema
mantener los cuatro elementos que en nuestra vida se generan,
los doce signos que en nuestra vida nos mantienen
nos van mostrando los valores de las cuatro estaciones,
vivimos con la composición del universo
viajamos a través del tiempo
y damos paso a una generación futura
y todo lo que somos, partículas del firmamento,
somos ese polvo estelar que se genera en todo el cosmos,
somos del que somos del Dios que resplandece.

Ω

Para vivir en esta tierra hay que encuadrar el sistema
mantener los cuatro elementos que en nuestra vida se generan,
los doce signos que en nuestra vida nos mantienen
nos va transformando los valores de las cuatro estaciones,
vivimos con la composición del universo,
viajamos a través del tiempo y damos paso a una generación futura,
todo lo que somos, partículas del firmamento,
somos ese polvo estelar que se genera en todo el cosmos
somos del que somos, del Dios que resplandece.

Ω

Todo empieza y todo se termina pero el tiempo gira y no se detiene,
el tiempo no tiene límites sólo actúa, nosotros sin embargo un tercio de nuestra vida
con un soplo se viene y con un soplo se va,
tu inicio de la vida empieza ya en otro campo y en otro sistema
aguarda sin descanso la resurrección de la vida eterna.

Ω

Naces para morir, morir para nacer en ese intervalo
mantendremos nuestro cuerpo sostenible en esta tierra,
en el mañana procederemos en las alturas.

Ω

Estamos en un mundo lleno de contradicciones
y así ir aprendiendo de las metáforas del universo
porque somos el aprendizaje de un mundo lejano
donde la distancia y el tiempo son interminables
todo es ir avanzando en otros términos que nos lleven a entender
las características del universo
todo está unido al poder del absoluto
donde se manifiestan todas las cosas
todo tiene un tiempo y un fin
que nace a la vida y se proyecta con Dios
y de alguna forma somos esa espiración
que Dios creo de la nada.

Ω

Dios nos transmite toda la sabiduría
nosotros tenemos que entender sus procedimientos
de este mundo y del más allá de los confines de esta tierra
tenemos que encontrarnos a nosotros mismos
porque no somos en realidad lo que somos
sino creados por el ser que transforma la vida,
que dio un paso más a lo que en realidad se supone
todo esto nos supera porque somos un granito de arena
en esta esfera terrestre y navegamos sin descanso rumbo hacia lo desconocido,
hacia la estrella poniente para encontrar el punto de concentración
de la vida y la muerte, de la vida misma
donde el ser fluye de la mano de Dios.

Ω

Dios es el portador del infinito mundo,
un mundo hecho a su justa medida,
un mundo da cabida a todos los seres de este firmamento
somos agradecidos por la gracia divina.

Ω

Estamos aquí en un mundo abierto
donde el Sol, la Luna y las Estrellas nos contemplan,
donde el universo nos ampara y Dios nos vela
día y noche hasta la resurrección de los muertos.

Ω

No estamos solos hay seres de otros mundos
donde nos miran y nos contemplan
aunque no los vemos están adelantados a nuestro tiempo,
ellos son portadores del universo,
ellos nos llevan y nos traen
hasta que nosotros podamos evolucionar nuestro espíritu y nuestra alma
y así podamos manejarnos en el universo activo,
hay que trabajar cuerpo, alma y espíritu con la composición de los astros,
hay seres que han evolucionado antes
y nos transmiten los conocimientos
y la sabiduría con la que se envuelven,
hay un mundo tras de sí que nos espera,
hay un mundo fascinante delante de nuestros ojos.

Ω

La sombra del olvido nos persigue del ayer
dejando las cicatrices marcadas
y clavadas hasta que retorne de nuevo el pasado
para fortalecer nuestro cuerpo y nuestra alma
y así poder romper el maleficio que anda sostenido en esta tierra
engullendo con su codicia,
no somos libres ni por asomo
hasta que no tengamos la inmunidad absoluta
y limpie nuestro cuerpo del impetuoso engaño
la sombra de satanás inunda nuestro espacio
de esta tierra sostenida que Dios nos ha dado.

Ω

Buscar más allá del infinito mundo
para poder cuestionar las cosas,
buscar el eje que hace girar el motor de nuestra vida,
todo es cuestión de tiempo para que se abran nuestros corazones
y nuestras emociones al mundo,
con la redención del Padre lograremos nuestros objetivos
porque en Él están las claves del mundo que hemos perdido,
ya no gira a nuestro alrededor el mundo sostenible,
hemos perdido la fe con los años
y ahora esperamos que Dios se ampare de nosotros.

Ω

Estamos aquí a la merced de Dios,
Él nos puso sobre la tierra
y nosotros tenemos que caminar en ella,
dar nuestros primeros pasos con las caídas y levantamientos
para aprender de nuestros errores
para poder tener la estabilidad necesaria
hay que estar bien con Dios,
Él es el espejo de nuestra vida
donde nos miramos todos todo el tiempo,
buscamos su reflejo en nuestras miradas
en lo más insólito de este mundo, Él se halla aquí
nos acoplamos en esta tierra
aprendiendo de sus enseñanzas,
nuestro espíritu se elevará al cielo
con las energías que Dios desprende.

Ω

¿Qué hay detrás de este universo?
¿cuánto hemos permanecido en él?
toda la vida en esta tierra,
todo lo que vemos en nuestro interior
se refleja lo que queremos hallar,
no está en nuestro alcance
sólo la mente percibe la silueta del cosmos,
hay que mantener unos segundos la mente abierta
se transformará el espacio en lo que uno sueña.

Ω

Somos uno con Dios
en Él nos reflejamos todos,
somos de la espiración divina de la divina providencia,
somos todo aquello por lo que la vida representa
el símbolo de la vida Dios contempla
de las maravillas creadas Dios se manifiesta por los siglos.

Ω

A través de ti mi vida cobra sentido
abres la esperanza al mundo,
abres mi corazón y lo llenas de júbilo
de ese amor que fluye a través de mis venas
aplacando mi sed mi espíritu se eleva hacia otros horizontes,
Dios me aguarda al ser su sierva,
Dios me complace con su amor
porque llevo sus raíces que Dios plantó
en el universo sus enseñanzas
de Él parte mi vida y de mi vida su espíritu
ese amor que goza mi alma
grande ha de ser sus prodigios.

Ω

La vida a través de los conocimientos divinos
donde fluye el espíritu santo,
donde el manantial de la vida mana toda la sabiduría
envuelta en un rayo de luz amparando nuestros corazones.

Ω

Te busco en lo más insólito de este mundo
no dejo de buscar el amor que por ti siento,
siento como se clava en mi corazón las heridas de tu calvario,
siento como me ahogan tus sufrimientos que van abarcando toda la vida
hasta que no se asienten los pies sobre la tierra
no habrá paz en ella, no podré sostenerme porque ando deambulando en ella,
sólo Tú puedes darme esa estabilidad que ampara mi alma
sólo Tú puedes darme el descanso eterno.

Ω

Hecho de menos el amor de mi vida
el que ha hecho mi ser y el que me dio la vida
y me puso los pies sobre la tierra,
no dejo de pensar en Ti porque Tú eres el ángel de mi corazón
que amparas mi alma día y noche
por ti me desvelo porque por ti vivo y muero y por ti me sacrifico.

Ω

Para encontrar el camino hay que andar los pasos por donde caminó el peregrino
por donde mantuvo las enseñanzas de abrir las sendas del misterio,
un misterio que nos conmueve a todos
y todos estamos relacionados con el espacio infinito,
la unión del Padre y del Hijo es la clave principal de nuestra vida
de ellos dependemos para ser salvos
y de ellos nuestro juicio.

Ω

Todo este tiempo has estado en mi pensamiento
no he dejado de pensar en Ti
porque en mi vida Tú has estado ahí pendiente en lo bueno y en lo malo que hay en mi,
hemos abarcado mucho trecho
porque hemos estado ahí pendiente uno del otro
aunque la distancia lo impide,
mano con mano y codo con codo
nuestro amor es infinito porque es un amor que va más allá
y no es de este mundo, ese amor lleva las iniciales del polvo de estrellas
que inunda nuestro espíritu.

Ω

Que grande eres señor que has hecho el cielo y la tierra
y has sembrado en ella la semilla de la primavera,
has dado luz al universo y las has poblado de estrellas,
una luz que alumbra en el firmamento
es bendecida con tu nombre,
la has llenado de vida para los años venideros.

Ω

Tú que llenas de amor los corazones
y llenas de amor nuestras vidas
amansas a tu rebaño y no dejas que nadie se pierda,
Tú como pastor que eres no dejarás que ninguna se descarrié
porque Tú al ser quien eres
abres la esperanza al mundo,
vas bendiciendo a las personas
y haciendo un lugar acogedor en tu vida,
Tú les abres las puertas a ese mundo que todos esperamos
en un lugar del infinito se halla ese mundo imaginario,
ese mundo está al caer con la lluvia de estrellas.

Ω

Busco para hallar el comienzo de una nueva era,
una nueva generación, un mundo nuevo
que haga estremecer el espíritu y que haga vibrar nuestra alma
y nuestro espíritu con los corazones divinos y se llene de júbilo
en el corazón del firmamento donde el amor perdura eternamente
en nuestro estado de nuestra conciencia.

Ω

Todo está ahí a la espera de ser reconocido, de ser hallado
todo está ahí delante de nuestros ojos para poder verlo con nuestro espíritu
nuestro corazón y nuestra alma que abrace el mundo entero
esa sensación que nuestro cuerpo percibe las energías cósmicas,
todo está unido por una causa y por un principio
que hace temblar el firmamento,
la unidad absoluta, el poder de lo manifestado
es tan grande que el universo se colma de gloria
no hay nada más grande en el firmamento que el poder del Padre,
todo está ahí para concebirlo de nuevo hacia otro rumbo de la vida
al despertar de la aurora.

Ω

La fuerza del amor, la fe del espíritu
llegan a nuestros corazones
empapándonos de energía lavan nuestro cuerpo
dándole esa fuerza que atrae que es el impulso de la vida.

Ω

Se me agotan las fuerzas, hay un vacío dentro de mi
no puedo manifestar las palabras porque mi corazón herido está,
no llega a la profundidad de mi alma
porque no puedo llegar a las personas,
es difícil congeniar con ellas
y que ellos se amolden a mi,
no es un camino de rosas que hay que seguir
está lleno de cardos y espinos
y hace al mundo estremecer,
cada ser de este mundo tiene su manera de ser
penetra en sus corazones las razones de su proceder.

Ω

Cada persona conoce su ser
sabe por donde tiene que caminar,
el camino que tiene que seguir y avanzar
las personas tenemos la tendencia de equivocarnos una y otra vez,
el destino de la providencia que Dios nos da
es el ejemplo que Dios mostró con su vida,
llevamos una parte de su ser
que nos hace libres al caminar por este mundo
su amor y su palabra se funde en nosotros
como el agua bendita inunda el corazón penetrando el espíritu de Dios
en el sendero de la vida.

Ω

Todos llevamos a cuestas el peso de nuestra conciencia,
todos llevamos a cuestas nuestros errores,
todos llevamos la sombra de satanás que inunda nuestra vida,
todos llevamos esa espinita clavada en el corazón
por la que Dios se sacrificó por todos nosotros,
todos estamos aquí para la conciliación con Dios
para proceder a las alturas, para ser un símbolo de Dios y mantener su estatus.

Ω

Dios nos ha dado la fuerza para seguir luchando
para enfrentarnos cada día con nuestras pesadillas,
en el mundo en que vivimos hay aves de rapiña
hay que estar al acecho para que no te devoren las bestias
y un descuido todo desaparecerá de tus ojos
hay que estar atento a todos los movimientos
porque no se sabe cuando se presentará el devorador de hombres.

Ω

Todo comienzo tiene un final
nada perdura eternamente,
se va renovando como la primavera en flor
el tiempo y la vida será nuestro aliado.

Ω

Para fortalecer el alma hay que estar bien con Dios
hay que estar limpio de ataduras
y tener un vínculo con Dios
unidos por el amor
y mantener ese lazo de amistad que nos une,
grande es tu corazón
porque has puesto tus ojos clavados en Dios
y Dios obra por mi.

Ω

Dios está ahí a que vuelvas, Él no se irá sin ti
hasta que no regreses, Él confiá en ti y vigila tus pasos
y camina junto a ti haciendo el camino juntos,
Él no se desapartará de tu lado si tu no quieres
aunque tú estés en cuerpo y alma Él está contigo para hoy y para siempre
que vea las cosas desde otro punto de vista,
desde otro modo y desde otras perspectivas, desde otro ángulo
Dios se manifiesta en ti, en cada movimiento de tu vida
aunque no lo percibas Él está ahí velando día y noche
sin descanso hasta la resurrección de los muertos
para la evolución de las personas
para el continuo despertar de la vida.

Ω

No encuentro palabras para expresar lo que siento
es tan grande mi amor que no tiene palabras sólo sentimientos
que arranca el alma y abraza mi espíritu
y se funde en mis entrañas porque mana de mi interior el espíritu de Dios.

Ω

Tenemos un tiempo limitado y la vida es corta
hay que acoplarnos a las circunstancias y hay que ser conscientes de nuestros actos
y ver la vida con otro semblante,
el tiempo se nos hecha encima hay que abreviar,
el tiempo pasa, no se detiene
y cuando nos demos cuenta la vida se va
no importa lo que hayas hecho sino a donde vas
sólo el destino apremia una vez más
¿a dónde vamos? ¿a dónde nos dirigimos?
¿cuál es la meta de nuestro destino?.

Ω

En este mundo es el del nacer y el del morir
y en ese intervalo de tiempo tenemos que aprender a canalizar nuestras energías
transformando nuestras vidas en algo más
y ver desde otro ángulo el espíritu de nuestro ser que se funde en las entrañas,
todo lo que somos en este mundo es una parte de todo lo que no se ve,
somos del espíritu del Dios vivo,
somos del corazón del amor de Dios,
somos el sueño de la vida donde existe la creación.

Ω

Dios está ahí viendo florecer nuestro espíritu,
viendo como con el tiempo se va engrandeciendo nuestra alma
nuestro corazón percibe el amor que traspasa los límites de la lógica,
hay un tiempo donde el mundo se llena de gloria,
hay un tiempo donde doblarán las campanas
para el amanecer el alba al despertar de la aurora.

Ω

El cielo y la tierra unidos por la línea vertical de dos mundos paralelos,
dos puntos donde se separarán para la transformación del universo que es hoy,
el cielo y la tierra se unirán al final del trayecto
bailarán el sol, la luna y las estrellas y el universo se estremecerá con la sinfonía universal
tocando las melodías una vez más,
todo lo que somos en realidad Dios nos lo demostrará a su debido tiempo
con la nueva era y la buena nueva.

Ω

Sólo Tú puedes mantener el equilibrio
mantener el firmamento en su posición
manejando el eje de la creación,
sólo Tú puedes dar la estabilidad que el cosmos necesita
porque Tú eres la concentración de todo lo que gira en el espacio infinito,
eres el que eres la verdad absoluta,
eres el que eres el espíritu inquieto
que vas transformando de la nada todo lo que Tú representas,
el amor perpetuo en tu corazón se refleja
perdurando la fuerza de la vida.

Ω

Sana mi cuerpo de las heridas de este mundo
no dejes que se agraven más de la cuenta,
no dejes que se perfore y haya infecciones
porque no habrá soluciones cuando corra por sus venas
no tendrá piedad de su alma
robando-le la vida, sólo Tú puedes señor mantener esas constantes vitales.

Ω

Si pudiera mantenerme firme,
si pudiera ver la manera de estar bien conmigo misma
mi vida no seria un calvario
daría mi vida entera por ese amor infinito
que mi corazón implora día y noche
busco la manera de hallar con fuerzas
el amor que embruja mi alma hechizada
por esos sentimientos que arrastra mi vida,
más allá de la esfera terrestre están los aposentos de mi espíritu.

Ω

Tenemos que ser conscientes de que este mundo no nos pertenece
estamos en él para transformar nuestro cuerpo, alma y espíritu
para la transformación para el infinito mundo,
hay que acoplarnos a la idea de que estamos sólo de paso por un tiempo
tenemos que amoldarnos a las circunstancias que en este mundo requiere,
si queremos sobrevivir hay que acoplarnos a sus movimientos
que van cambiando según el tiempo,
nos damos cuenta de que este mundo es un polvorín
donde la mecha se encenderá
cuando hayan pasado las estaciones acoplándose al tiempo,
nuestra vida se renovará con el espíritu Santo
dará vida al complejo hacia la unidad absoluta.

Ω

Todos llevamos dentro de nuestro corazón el ser que nos dio la vida
el que nos mantiene vivos y nos da esperanzas
en este mundo de contradicciones,
todos estamos unidos a ese inmenso infinito
donde estamos conectados al espíritu
esa conexión que nos une con el más allá
que nos lleva a lo que somos, seres de otros mundos
conectados con el corazón y la mente nos va transmitiendo
esas vibraciones cósmicas,
somos lo que somos en realidad,
lo que nuestro corazón percibe del absoluto Dios.

Ω

Cada vez estamos más cerca de ti
y se oye tu latido del corazón,
estamos buscando tu presencia porque este mundo necesita una nueva renovación,
tu amor traspasa los límites de la lógica,
tu amor ahuyenta los malos espíritus
y Tú por las sendas del camino nos sentimos más seguros
porque Tú al ser la luz de nuestra alma
iluminas nuestros corazones.

Ω

El mundo está cambiando pero no para bien,
estamos constantemente al acecho
porque este mundo no se pone en pie
no hay manera de enderezar lo que está torcido
a punto de astillarse,
este mundo está lleno de grietas sin subsanar,
no se cierran las heridas del pasado
y ahí perforándose están,
¿con qué furia saldrá a la superficie
cuando todo se descontrole?
ya nos podemos preparar en este mundo insólito
este mundo que prometía ya no es lo que es
andamos todos descalzos,
hemos llegado al límite de que el ser humano no valora al prójimo.

Ω

Estamos aquí fruto de David,
estamos aquí esparcidos por el mundo,
estamos aquí hijos de Israel
los que valoran el universo,
estamos aquí la viña del señor
que con su espíritu valoran a Dios,
la semilla que Él plantó crecerá con gran precisión
acoplándose a la vida la transformación al nuevo ser
digno de un profeta que unirá los ríos y los mares
y urgió a los hombres en su nombre,
Dio fe de su testimonio que es el que es
y en el que nuestro corazón perdurará por los siglos,
Jesús el vencedor, el que venció a la muerte
y dio muestra de su amor perforando los corazones de las personas
dio vida a la resurrección,
una vez más caminará entre sus siervos para la gran verdad que une al pueblo
se proclamará de nuevo en esta tierra el Rey de los ejércitos.

Ω

Ω

No hay manera de que este mundo cambie,
sólo lo que hacemos es retroceder,
damos un paso retrocedemos cuatro
¿A dónde iremos a parar?
con tanta tensión que hay en el mundo
ya nos podemos preparar,
este mundo es de cal y arena
no hay que dejar que este mundo nos pueda tragar,
el mundo que conocemos proviene de la antigüedad
llevamos los genes de nuestros antepasados
y debemos modificar nuestras acciones
el mundo no debe caer en tinieblas
por causas ajenas a nosotros,
el mundo que conocemos es lo más preciado que tenemos,
este mundo es parte de nosotros
acojamos-lo con los brazos abiertos,
el mundo necesita grandes emprendedores
que sepan modificar la vida.

Ω

Hay que reflexionar, no hay que dejar que este mundo se nos vaya de las manos
nos puede perjudicar con el tiempo y podemos hacernos daño,
no hay que llegar a tal extremo somos personas civilizadas,
si dialogamos correctamente el mundo se sentiría a salvo,
todos estamos ahí en el universo activo,
todos estamos ahí compartiendo la vida
por alguna razón viajamos en el tiempo
por alguna razón en este mundo permanecemos
unidos por el pasado viajamos al futuro
a la liberación del alma y del espíritu inquieto.

Ω

¿Qué pasará con estos tiempos que corren?
¿Cómo nos mantendremos a flote?
¿cómo manejaremos nuestra vida si todo está confuso
y no hay una estabilidad que estabilice el orden?
no hay unión entre todos
vamos por caminos diferentes
y cortando todo contacto la tierra bañada en lágrimas
por el sudor de la tierra que esta genera
porque estamos marchitando el sendero de la vida,
nosotros mismos nos ponemos nuestra propia condena.

Ω

Para llegar a Ti hay que correr muchas leguas,
hay que alimentar nuestra alma de ese amor que nos transmite nuestro espíritu,
la concentración del cuerpo y mente
en lo más insólito del firmamento
donde está el proceso de la evolución del hombre
donde se transmite la vida desde hace siglos
porque somos en realidad el soplo de vida que Dios nos da,
el lenguaje de la vida en el corazón está,
el poder que lo manifiesta único es el que es
y el que con su corazón abre las puertas del firmamento
hacia lo desconocido para el ser humano.

Ω

El mundo ya no es lo que era, todo se está descontrolando,
desde un tiempo para acá el mundo se está cayendo en picado
y no podemos hacer nada al respecto
porque llevan el control decidiendo por nosotros,
no miran a quién pueden perjudicar
porque no pueden ver más allá de lo que la vida representa,
todos representamos esa faceta de la vida,
todos formamos parte de ese mundo fascinante,
vivir es mantener el espíritu que Dios nos ha dado
cada ser de este mundo debe respirar libremente,
uno no puede ser lo que otros desean
porque lo vean desde otro punto de vista
no hemos de echar a perder la libertad que representamos
porque uno ya es la libertad, acojámonos a la realidad
que este mundo es más allá de la esfera terrestre.

Ω

El mundo se está echando a perder,
no controlamos nuestras emociones,
no pensamos con la cabeza y esto nos está llevando a grandes disturbios,
ya no somos lo que eramos porque nos están lavando el cerebro
porque nos están llevando por tierras de nadie
aún sin pensarlo, ni quererlo todo se ve turbio
no hay nada claro porque hay una mezcla en todos los bandos
que se va tiñendo de negro porque no hay una estabilidad que estabilice el orden
y de eso nos valemos y que no haya un régimen para cuestionar nuestro futuro,
blanco o negro.

Ω

El tiempo no tiempo, el tiempo lo forjamos todos,
el tiempo lo mantendremos hasta que uno viva
porque uno mismo es el tiempo
y en ese tiempo transformamos nuestro ser en la composición del cosmos,
somos espíritus del Dios vivo,
somos de la esencia del amor divino,
somos todo aquello que el tiempo ha forjado en este mundo insólito,
el tiempo apremia a todos
muestra a cada uno el tiempo estipulado
entre el nacer y el morir está el tiempo de proceder de nuevo
hacia otro espacio infinito
donde en el tiempo está la moralidad de Cristo.

Ω

Dios muestra a cada uno su tiempo y su espacio,
Él es el tiempo y el espacio que nos rodea,
Él es el espiral de ese tiempo,
de ese tiempo que es vida nos lo demuestra
porque Él es la luz y el camino,
Él es el tiempo y la vida
en Él el mundo va girando en su entorno
manteniendo el espíritu vivo,
ese tiempo que es activo es porque Dios mantiene el firmamento
en constantes movimientos
porque al ser Él el pensamiento transforma la unidad absoluta en su totalidad,
Él es el espiral del cosmos,
Él es el tiempo, el tiempo exacto del conocimiento
que fluye a través de esas constantes vibraciones
que fluyen a través de su espíritu envuelto en sabiduría nos muestra el cosmos.

Ω

El mundo nos está ahogando ya no se puede ni respirar
con tanta contaminación que hay en el mundo
¿qué se puede hacer?
pasarán generaciones hasta que la tierra pueda ser lo que fue,
un jardín de rosas donde florecieron una vez,
hoy secas y mustiadas no hay manera de que puedan prosperar
porque hay que abonarlas con la sabia y el elixir de la vida
para que esta tierra vuelva a brillar con los ojos del espíritu que Dios mantendrá en pie
los años venideros para la resurrección.

Ω

Todo lo que somos es parte de Él,
Él nos puso los pies sobre la tierra
para que podamos caminar en ella,
en ella florecen las rosas y los pétalos muestra de su amor,
Él nos muestra el universo tal y como es
con la luz del infinito es obra de su amor
de Él parte la vida y la creación
todos estamos unidos al pensamiento de Dios.

Ω

Eres la verdad, esa verdad que nos hará libres
pero la verdad tiene un precio y uno tiene que ser consciente de esa verdad
para traspasar los límites de la lógica
de esa verdad mana el conocimiento y la sabiduría de Dios
porque al ser Él quien es obra su mandato al universo cósmico.

Ω

Todos somos la unidad absoluta,
todos somos del pensamiento divino,
todos somos alma de espíritu porque todos somos esa chispa
que Dios desprende y alumbra en el firmamento más allá de las estrellas,
la vida carece de sentido partiendo de la base del Dios divino.

Ω

El camino hay que andarlo con los pies firmes en la tierra,
hay que dar un paso más hacia delante para mantenernos en la composición exacta,
hay un mundo tras de sí detrás de esas murallas
que espera con impaciencia traspasarla con el alma,
el amor que vence todos los obstáculos obra su espíritu
transformando el ser en energía cósmica manteniendo la composición del cosmos
que gira alrededor suyo esas partículas del universo.

Ω

¿Qué somos en realidad?
¿cómo podemos identificarnos?
si sólo permanecemos en esta tierra y de ella no salimos
nacemos y morimos pero nuestro cuerpo percibe las energías cósmicas
¿cómo mantenernos en contacto para unir al hijo con el Padre?
¿cómo subrayar ese objetivo para mantenernos a salvo
de todos los perjuicios que hay en la tierra?
¿cómo sobrevivir a la caída del imperio que arrastramos constantemente?
no hay una salida en este plano astral
hay que cerrar nuestros ojos para despertar con el más allá de este mundo insólito,
vamos dando vueltas sin parar con el eje del universo
manteniendo nuestra estabilidad acoplándonos al cosmos.

Ω

El tiempo pasa no se detiene, debemos acoplarnos a este mundo
el tiempo nos transforma a uno
porque el tiempo se va renovando
y nosotros nos mantendremos a ese cambio
para fortalecer nuestro espíritu
para la transformación de nuestra alma
para despertar con el más allá en este plano
donde doblan las campanas y retumban las trompetas
en el tiempo de gloria nuestra alma se purificará.

Ω

Tú que obras la vida y compones las músicas celestiales,
Tú que traspasas los límites del más allá,
llegas a todos los confines del firmamento muestra de tu amor
porque el amor que hay en Ti no tiene límite ni separación,
al ser puro de corazón abrazas al mundo entero
fruto de tu creación y espíritu del Dios vivo.

Ω

Tú que vagas por el mundo ansia de amor,
Tú que penetras en las profundidades del alma
a cógenos Señor, muestra de tu valor
caminamos por las sendas una vez más
porque al estar perdidos en la sombra
navegamos sin control rumbo hacia el precipicio de nuestra perdición,
Tú que velas por todos nosotros haz que nuestro rumbo cambie de posición,
que abracemos al mundo con nuestro corazón,
que veamos la fuerza de tu amor con más pasión que nunca
porque Tú al ser el espíritu de Dios ahondas por el firmamento.
Ω

Enséñame el camino que hay en ti y canalizar las cosas
y el velo con los ojos del alma y con el corazón engrandecido
que penetra en mi la sabiduría y la inteligencia
para ser la consejera de tus alabanzas.

Ω

Todo lo que somos es muestra de tu amor,
tu amor engrandece a los hombres
al ser parte de tu ser llevamos en la sangre el espíritu de Dios,
muestra de su grandeza vivimos en la potestad divina
todo lo que hay y existe está en su memoria
esa mente privilegiada mantiene el cosmos en órbita.

Ω

Dios habita en nosotros, Dios demuestra a cada uno su poder,
Él nos enseña el amor perpetuo y nosotros damos lo mejor de nuestro ser
en función de lo que la vida representa,
somos espíritu de Dios, volar hacia el infinito es volar hacia Dios

Ω

Tú estás en mi, en mi cuerpo y en espíritu
mi amor irá contigo por las sendas de este mundo,
me caeré y me levantaré porque Tú estás conmigo
Tú eres mi vida y mi bastón
en Ti me apoyo cada día,
yo siendo la niña de tu corazón y que implora su perdón.

Ω

¿Cuándo llegará el día que anuncie tu avenido para ver las constelaciones divinas
con la estrella poniente?
¿cuándo llegará el día que retumbe el universo con la llegada de los ángeles
abriendo paso al firmamento?
¿cuándo llegará el día con la concepción divina?
¿cuándo se mostrará el camino del Espíritu Santo?

Ω

Te busco en cada pensamiento,
en cada latido de mi corazón,
Tú estás conmigo y cada día que pasa mi amor va contigo,
Tú eres el espejo de mi alma
donde se refleja tu espíritu en el amanecer del alba,
yo contemplo tus maravillas con los salmos y alabanzas,
busco las metáforas del universo allá a donde vayas
tu espíritu va conmigo hasta el fin de los siglos.

Ω

La vida es corta y debemos aprovechar los minutos y segundos
que la vida nos va demostrando
porque son los más valiosos que tenemos,
vivir la vida es ir aprendiendo paso a paso
de lo que nos vas ofreciendo, es un tiempo que Dios nos va dando
a cada uno su espacio
al ser un tiempo limitado el tiempo se mide en fracciones
y obra su espíritu para la transformación de ese tiempo
que transcurre paulatinamente,
las cuatro estaciones que abordan la vida el fin de los tiempos
se manifestará de nuevo la vida bajo el mandato divino,
la vida renacerá de nuevo con el Padre.

Ω

Todo llega y todo pasa y el tiempo va fluyendo
nuestro tiempo llega pero se detiene al compás que la vida va transcurriendo,
vamos dejando un espacio para las generaciones futuras
un proceso hacia la vida de la vida propia
que mantiene el espacio infinito infinitamente mágico,
todo en sí es la transformación del cosmos
todo es vital, todo se compone por sí mismo y por el mismo Dios.

Ω

Estamos unidos por ese vínculo maternal
que Dios creó en la tierra,
la semilla que Él plantó floreció con gran sabiduría
creció fuerte y mantiene la raíz y el tallo en el corazón del mundo
demostrando a las generaciones el perfil de la vida hacia la vida propia
porque estamos en un mundo paralelo donde todo son contradicciones,
donde el amor se interrumpe porque el amor sale del corazón
y fluye a través del espíritu la sabia del renacimiento al ser el espíritu de Dios
mantiene su estatus más allá de la esfera terrestre.

Ω

Sólo Tú rompes el alma,
sólo Tú conoces la debilidad de los hombres
y por eso nos amparas día y noche
y sólo Tú caminas por las sendas de la vida
transformando el universo en geometría,
Tú eres el corazón del alma y donde el universo respira
sólo Tú eres Padre y Madre del universo que nos engendra.

Ω

Partimos de una base, Dios nos mantiene unidos,
Dios ampara a los hombres por el amor a su hijo
que transformó la vida a los hombres y creó un mundo mágico en el universo,
somos lo que somos espíritu de universo, espíritu de la vida donde el universo respira,
somos todo aquello por lo que Dios mantiene el cosmos
porque Dios al ser puro de corazón nos abraza con su amor hacia la vida renovada
hacia el infinito que nos aguarda.

Ω

Difícil hallar la verdad de este mundo
atrapados en la sombra perdidos en la nada,
de la nada se formó el cosmos
y del espíritu se formó la vida
en el corazón del universo la luz penetrante
que atraviesa todo el cosmos
de las energías cósmicas.

Ω

Volar es echar raíces,
buscar en lo más incógnito de la vida
la esencia del elixir de la fragancia cósmica,
es mantener el espíritu en constante movimiento,
es transformar la vida en sueño del despertar de nuevo,
volar es el inicio de un nuevo comienzo
donde el amor fluye en nuestros pensamientos,
ese constante fluir de la vida mantiene a uno la esperanza de vivir de nuevo,
volar es encontrarse a si mismo en diferente tiempo y en diferente espacio
rumbo hacia el más allá pero yo soy ese principio y ese final de trayecto,
volar es hallar la verdad de uno mismo,
la unidad absoluta.

Ω

Toda la vida buscando para hallar la sabiduría,
hallar un nuevo rumbo a mis preceptivas,
toda la vida buscando el conocimiento divino
y se halla en mi corazón la fuerza del amor divino
que brota de mi interior su espíritu,
ese espíritu constante de la vida de sentirme diferente
porque abraza al mundo entero con el amor del espíritu errante,
tuya es mi vida, tuyo el poder
el universo entero se inclina a tus pies,
bendito eres señor que con tus alabanzas aclamas a Dios
esas melodías que compones muestras de tu amor
engrandeces al mundo entero porque Tú eres el único Rey,
el Rey de reyes que aclamas al mundo la verdad de tu existencia.

Ω

Tú eres el camino, yo la seguidora der tus pasos,
yo ahondaré los surcos y haré provecho de ello,
yo mantendré el espíritu que mantiene a los hombres unidos
porque tu amor de la fuente viva de la gracia divina,
divino eres señor que has hecho el cielo y la tierra
y tú compones los salmos y alabanzas con el corazón engrandecido,
nadie como Tú ha dado tanto por este mundo que estamos en deuda contigo.

Ω

Tú has dado la vida a este mundo,
la has llenado de esperanza,
has iluminado nuestros corazones
y hay un lugar en el firmamento que nos aguarda,
hay un lugar abierto donde todo se contempla,
todo es amor y paz hacia el destino que nos espera
con los brazos abiertos nos abrazará con su espíritu
porque al ser del Padre al Padre vamos hacia la morada de Cristo
más allá del cosmos nos espera el paraíso.

Ω

Dichoso es aquel que proclama la voluntad del Padre
que se desvela por Él en los tiempos difíciles,
ahuyenta los malos espíritus que rondan por este mundo,
dichosos son aquellos que con su amor hace que la vida sea diferente
y muestran al mundo entero el amor perpetuo,
el amor que atraviesa el alma se llena de júbilo
demostrando la lealtad a Dios
buscando un lugar en el firmamento donde obra su espíritu.

Ω

Todo está ahí a la espera de ser hallado
porque todo se halla en el espacio infinito,
todo ahonda en el firmamento y todo carece de sentido,
todo está ahí en el espiral del cosmos,
todo está ahí conectado en un punto
donde fluyen las energías del sustento de la vida,
es la raíz y el tallo,
la vida y la muerte se unen en un instante
para la transformación del espíritu,
todo ronda en el alma, la salvación de Cristo

Ω

Todo empezó con la luz del infinito,
la luz que traspasa todo el cosmos,
la luz que emana del Espíritu Santo,
esa luz que se proyecta proviene del Padre
al ser energía cósmica se proyecta todo el cosmos,
todo es esencia del verbo del poder del absoluto,
todo es el todo porque todo mana de su espíritu
porque al ser Él toda energía brilla con luz propia.

Ω

Nadie como Tú existe en este mundo,
nadie como Él ha dado tanto por nosotros,
nadie como Él ha hecho un mundo tan perfecto
porque al ser único en su campo proyecta todo el cosmos que en él habita,
Él es el constructor de todo lo creado y en Él se identifica todo,
todo va cambiando entre la noche y el día
porque todo tiene sus movimientos con la rotación del tiempo
porque Él es el tiempo, la vida y la muerte de un mundo sostenido por la gravedad.

Ω

¿Qué se puede decir del constructor más grande del mundo?
¿dónde está la perfección?
un mundo sostenido por la gravedad,
Dios mantiene el equilibrio de la rotación del cosmos,
Él mantiene el cosmos en constante movimiento,
Él es el punto clave del misterio,
en Él se proyecta la vida
va girando alrededor suyo al ser Él el absoluto y obra su corazón,
Él es el más grande y señor de todos los tiempos
de Él partió la vida y de Él nuestro ser,
de Él mora la vida, único es.

Ω

Sólo Tú puedes percibir las energías cósmicas,
sólo Tú caminas por el espacio
y sólo Tú ahondas en el infinito y moras en todo el cosmos,
sólo Tú mantienes el espíritu errante
porque Tú partes de todos los ángulos,
eres el espiral de la vida
y el conocimiento de todo lo creado
en Ti se funde el universo
porque sólo Tú proyectas la conexión del cosmos.

Ω

Sólo confío en Ti, porque Tú eres mi vida y mi ser,
eres mi espíritu y mi salvación,
el que proyecta mi vida y entras en mi corazón llenándolo de gozo,
no hay nadie en este mundo que me comprenda como Tú.

Ω

Tú estás en el cielo y en la tierra,
Tú conoces la debilidad de los hombres
amparanos día y noche de las penumbras de esta tierra,
no nos dejes caer en las tentaciones de este mundo insólito,
danos la fuerza y el valor que necesitamos
para ahondar en nuestro corazón
para llegar a la escala del Cristo el Salvador.

Ω

Tú eres el camino y la verdad
y sólo hay una verdad por delante en la vida
y Tú demuestras el camino ancho y claro
porque Tú al ser la verdad moras en todo el mundo.

Ω

Tú separas el trigo de la paja
y lo esparces por todo el mundo,
Tú cosechas las semillas y las dejas en buen recodo,
Tú las riegas con tu sudor y lágrimas
y ellas crecen con sabiduría e inteligencia
porque al ser del Padre al Padre vamos con la cabeza bien alta
con el descanso eterno modifica nuestra vida
allá a donde se halle el espíritu que nos transforma.

Ω

Todo comienza con el latido del corazón
donde bombea nuestra vida,
donde fluye de nosotros la sangre purificada.

Ω

Voy hacia la verdad que me aguarda,
hacia la verdad que me espera
allá al final del camino está mi conciencia,
allá me espera mi veredicto de la luz con las tinieblas
porque este mundo es de cal y arena
y va retrasando el camino
porque confunde mis pensamientos
y es difícil hallar la verdad habiendo tantas contradicciones
pero espero en la vida lo que Dios quiere.

Ω

Esa verdad que oculta está y que no quieren que sea sabida,
esa verdad que une al hombre con el Supremo
generan tensiones porque la verdad guarda un misterio
que algún día será revelado porque habrá una mente privilegiada
que desatará todos los enredos,
nada está oculto a la luz de Dios
es un puzzle que hay que resolver
y sólo hay que hallar los matices con los que se confeccionaron,
para hallar la verdad hay que unir el amor con el pensamiento
más oculto de nuestra era,
para llegar al fondo de la verdad y elevar nuestra conciencia
manteniendo el espíritu errante y la mente abierta.

Ω

Tú que estableces la unión del infinito,
Tú que acoplas la verdad al espacio,
Tú que estás día y noche en vilo manejando el cosmos
Tú que mantienes la esperanza mantén nuestros pensamientos en la lógica
porque al ser Tú el pensamiento divino todo está acoplado al cosmos,
todo en sí proviene de la palabra divina
porque Tú eres la palabra y el verbo,
Tú eres el que proyecta la imagen después de nuestros sueños.

Ω

www.ingramcontent.com/pod-product-compliance
Lightning Source LLC
LaVergne TN
LVHW010550160826
845677LV00013B/3078